Découvertes Junior

De nouveaux horizons

Les textes ont été rédigés avec la collaboration de
Thérèse Bittar, Jean-Paul Duviols, Philippe Jacquin,
Marie-José Lamothe-Velter, Alain Musset, Carmen Val Julian
Les illustrations sont de
Nicole Baron, Marc Lagarde, Tina Mercié, François Place,
Jame's Prunier, Jean Torton, Nicolas Wintz

Gallimard-Larousse

Encyclopédie Découvertes Junior

Publiée sous la direction de : Pierre Marchand

Réalisée avec le concours des plus grands auteurs et illustrateurs français et étrangers, «Découvertes Junior» est une encyclopédie visuelle qui parle à l'imaginaire tout en informant le lecteur. Des origines à nos jours – du Big-Bang à la dernière décennie – «Découvertes Junior» se propose de faire découvrir, à un public curieux et exigeant (10-15 ans), les civilisations qui ont façonné notre histoire au cours des millénaires.

Pour chacun des sujets abordés (nature, histoire, sciences et techniques, littérature, arts...), un code couleur a été mis en place correspondant à chaque thème traité :

Histoire

Sciences de la nature

Sciences et techniques

Arts

Littérature

Table des matières

Dépôt légal : mai 1992
Numéro d'édition : 54579
ISBN : 2-07-054908-9

Photogravure : Ernio
Imprimé chez Editoriale Libraria, Trieste, Italie.
2e trimestre 1992

CONQVISTA

CONQVISTA

CONQVISTA

Où Marco Polo prend la route
de la soie et découvre la Chine...
Où Portugais, puis Hollandais,
parcourent les océans...
Où le premier tour du monde est
accompli... Où Soliman le Magnifique
fait trembler l'Europe et
Istanbul déploie ses fastes...

Où les conquistadores dominent
les empires aztèque et inca...

Où les colons espagnols
et portugais s'imposent au Nouveau
Monde...

La route de la soie

UNE MONNAIE
La soie était offerte par les Chinois aux tribus nomades avec lesquelles ils voulaient entretenir de bonnes relations. C'était aussi une monnaie de référence et certains fonctionnaires impériaux étaient payés en rouleaux de soie.

La soie fit l'objet des premiers échanges entre l'Orient et l'Occident. L'expression «route de la soie», inventée par un géographe du XIXe siècle, évoque tout à la fois une matière et un vaste réseau de communications.

Les idées circulèrent avec les marchandises et le commerce entraîna de multiples contacts entre les civilisations chinoise et gréco-romaine. En 1271, ce n'est pas le goût de l'aventure mais le sens des affaires qui poussa deux Vénitiens, les frères Polo, à partir vers le nord-est, emmenant avec eux leur fils et neveu, Marco.

L'EMPIRE ROMAIN a laissé des traces de ses explorations dans toute l'**Asie du Sud-Est** et les navigateurs méditerranéens ont marqué leur passage de poteries de fabrication italienne ou de médailles d'inspiration romaine. Des bijoux en or et en argent datés du Ier siècle apr. J.-C. ont été retrouvés en **Indochine** près d'objets chinois ou indiens.

Le pays des Sères

Rome découvrit l'Orient à la faveur des campagnes militaires. Le Tigre et l'Euphrate furent franchis pour la première fois par Licinius Lucullus et ses légions. Puis Pompée, en 66 avant Jésus-Christ, triompha définitivement de Mithridate, roi du Pont, qui dominait la région. Le cortège des richesses qu'il rapporta d'Asie dura trois jours. Les objets d'art provenant des villes pillées suscitèrent un engouement extraordinaire. La haute société romaine pouvait désormais goûter au luxe de l'orfèvrerie, des tissus bariolés, des tapis de Babylone. En outre, la route vers l'Asie centrale était ouverte et le contact pris avec l'Empire parthe qui allait servir d'intermédiaire commercial avec la Chine. Ainsi, au Ier siècle avant Jésus-Christ, Rome découvrit-elle la soie

et, lui donnant le nom de «serica», elle appela la Chine «pays des Sères», sans doute par déformation du mot chinois «si» qui signifie soie. Pour l'Occident, la Chine devint le pays de la Soie mais c'est à peu près tout ce qu'on savait d'elle. Les écrivains romains avancèrent les affirmations les plus fantaisistes sur le peuple comme sur le «voile sérique». Pline décrivait les Sères «avec des yeux bleus, des cheveux rouges, la voix rude». Pour Virgile, la soie se ramassait sur les feuilles des arbres, sous la forme de «fines toisons enlevées avec des peignes». Le mystérieux textile contribua à l'essor économique de toute une région : les ateliers de tissage d'Alexandrie, de Tyr et de Jérusalem mêlaient du chanvre, de la laine ou du lin aux fils de soie et distribuaient leur marchandise dans tout l'empire.

Un luxe supreme
Pour les hautes classes de la société romaine, porter de la soie devint le comble du snobisme. Le prix de l'étoffe s'accrut lorsque les familles patriciennes s'éprirent de la teinture à la **pourpre**. La pourpre et le secret de sa fabrication assurèrent pendant des siècles la prospérité de **Tyr** et de **Sidon** en **Phénicie**. On la tirait d'un coquillage des rives de la Méditerranée, le **murex**, qui sécrète un liquide jaune virant au rouge sombre, au bleu et au violet une fois exposé à la lumière. La difficulté d'obtenir le suc et la minutie des opérations de mise au point des couleurs rendirent la soie teinte à la pourpre aussi chère que l'or pur. On dépensait tant pour ce luxe qu'en l'an 14, le sénat interdit aux hommes de porter de la soie et recommanda aux femmes d'user de retenue. A la fin du IIe siècle, la crise économique frappa l'empire, l'inflation et le marché noir conduisirent à une grave crise sociale et les importations de soie se virent strictement réglementées.

Caravane antique
La stèle du chamelier **'Idjl**, datée du IIe ou IIIe siècle, atteste l'utilisation du dromadaire comme animal de charge en des temps fort anciens.

A la rencontre de l'Occident
Au IIe siècle av. J.-C., la Chine organisa les premières expéditions vers l'**Asie centrale**. L'empereur **Wudi** (141-87 av. J.-C.) lança des campagnes militaires pour soumettre les peuplades s'opposant à son avancée vers l'ouest. La Chine des **Han** s'imposait alors, et trente ans avant notre ère, le dernier roi grec de la région de **Kaboul** (Afghanistan) devint son vassal. Les Chinois s'intéressaient surtout aux élevages de chevaux de l'Asie centrale et s'ils parlaient de l'Empire romain en le nommant «Ta-Ts'in», ils n'en savaient rien d'exact. «Les habitants s'habillent d'étoffes aux couleurs brillantes ; leurs coutumes sont pareilles à celles des gens de Chang'an…» («Le Royaume du Ta-Ts'in»)

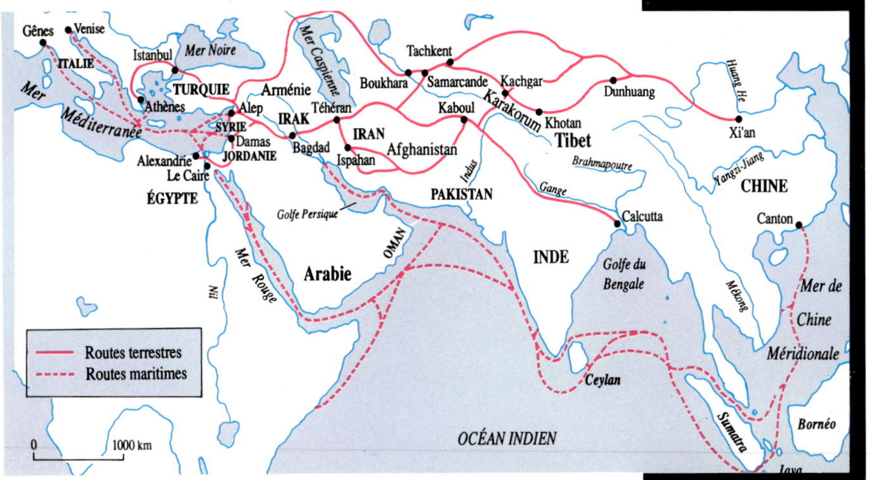

Les Romains n'étaicnt pas des voyageurs. Ce furent des Grecs et des Syriens qui prirent en main le commerce avec l'Orient. Entre les Empires parthe et romain, la cité de Palmyre (en Syrie actuelle) devint un immense entrepôt où s'accumulaient les produits indiens et chinois, et tout spécialement la soie. Après le déclin de sa rivale Pétra (aujourd'hui en Jordanie), Palmyre s'assura le monopole de la distribution des biens. Elle commandait la route caravanière vers l'Asie centrale et la Chine. Les vaisseaux grecs et syriens sillonnaient la Méditerranée et leurs agents apportaient le fret jusqu'à Rome où des Grecs géraient les bureaux commerciaux.

La Caspienne : golfe ou mer fermée ?
Succédant à **Alexandre**, **Séleucos Ier** (312-280) voulait ouvrir de nouvelles voies commerciales. Il chargea le commandant de sa flotte, **Patrocle**, d'une expédition en ce sens. Celui-ci longea la mer **Caspienne** à l'ouest, au nord, à l'est et déclara avoir visité un golfe, induisant en erreur des générations de géographes qui crurent que l'on pouvait naviguer de la Caspienne à l'océan Indien. **Hérodote** pourtant, quelques siècles plus tôt, avait affirmé que la Caspienne était une mer fermée.

La voie maritime

A partir du IIe siècle après Jésus-Christ, les bouleversements politiques à l'intérieur des empires rendant les routes caravanières très précaires, le commerce entre Orient et Occident s'effectua surtout par voie maritime. Les jonques chinoises poussaient jusqu'au golfe Persique et les navigateurs indiens gagnaient la mer Rouge. Là, les Arabes rivalisaient pour charger leurs cargaisons sur leurs boutres.

La route de la mousson
La découverte de la mousson par le Romain **Hippalus** rendit la voie maritime moins aventureuse. Les navires prenaient la mer depuis le **golfe Persique** au début de l'été pour voguer avec les vents de mousson qui les conduisaient jusqu'en **Inde** où ils transitaient avant de gagner la **mer de Chine** et le port de **Canton**, via **Ceylan**. Le voyage de retour s'effectuait à partir du mois de décembre, quand le vent souffle du sud durant environ huit mois. Jusqu'au XIIe siècle, les marins n'avaient que des notions rudimentaires de géographie et se fiaient à la position du soleil, de la lune et des étoiles, puis les équipages utilisèrent la **boussole** et, aux XVe et XVIe siècles, la mise au point d'instruments de navigation et l'invention du **gouvernail** ouvrirent l'ère de la navigation moderne.

Tour à tour, les Portugais, les Hollandais, les Anglais sillonnèrent la route maritime. L'Occident achetait encore de la soie brute à l'Orient mais aussi des porcelaines, des épices et du thé, plante dont les Chinois gardèrent jalousement le secret jusqu'à ce que les Anglais acclimatent l'arbuste en Inde.

Naufrage et piraterie étaient les deux drames du marin. Les petites embarcations dirigées par quelques pirates

déterminés prenaient de vitesse les lourds navires marchands. Les prisonniers étaient sauvagement torturés.

La route des caravanes

La prospérité de la Chine des Han postérieurs (23 à 220 après Jésus-Christ) faisait écho à la paix et à la sécurité qui régnaient à Rome à la même époque. Entre ces deux confins du monde, l'Empire kusana, qui comprenait l'Afghanistan et l'Inde du Nord, était à son apogée. Les Parthes, enfin, servaient d'intermédiaires entre les uns et les autres. De cette exceptionnelle stabilité touchant quatre grands empires sortit la «route terrestre de la soie».

Les caravaniers venus d'Asie centrale transportaient vers la Chine des grenades, de la myrrhe et des brocarts et, avec eux, circulaient les idées, tel le bouddhisme, né en Inde cinq siècles avant Jésus-Christ. On dit que c'est en l'an 11, à la cour des souverains kusana, qu'un étudiant chinois prit pour la première fois connaissance d'écrits bouddhiques. Quoi qu'il en soit, le bouddhisme, véhiculé par les marchands, progressa vers la Chine où, dès le Ier siècle, il s'associa au culte taoïste et toucha le cœur de la population. Après la Chine, il gagna le Japon, la Corée et l'Asie du Sud-Est.

Les pelerins du Bouddha
Des ambassadeurs chinois avaient rapporté d'Inde des ouvrages bouddhistes rédigés en **sanskrit**. Ceux-ci suscitèrent chez les lettrés des vocations de pèlerins-traducteurs, car pour débattre de cette nouvelle doctrine, il fallait quérir des textes originaux. Le premier de ces voyageurs intrépides fut **Faxian** qui se mit en route en 399 avec quatre autres moines. Le plus célèbre fut **Xuanzang**, un philosophe érudit qui partit secrètement en 629, n'ayant pas obtenu d'autorisation officielle. Il séjourna dans des universités réputées telle **Nalanda**. Quant à **Yijing**, il choisit pour son pèlerinage la route maritime et, en 671, il embarqua à Canton sur un bateau persan.

En s'appuyant sur les récits de voyageurs, les géographes arabes ont fourni nombre de données sur les routes maritimes. Sur la **mappemonde** ci-dessus, exécutée au XVe siècle, le sud, contrairement aux conventions actuelles, est dirigé vers le haut. Occidentaux et Orientaux ne se rencontraient jamais car leurs caravanes se relayaient, ne parcourant que le territoire qu'ils contrôlaient. A l'extrême est, les Chinois ne dépassaient pas **Dunhuang**, la riche oasis du **Gansu**. Les premiers contacts directs furent établis par les **frères Polo**, marchands vénitiens, et par les missionnaires chrétiens invités à la cour de Chine au XIIIe siècle.

Poivre blanc

Clou de girofle

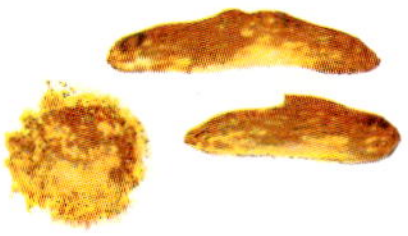

Curcuma

Gingembre

Les épices
Les marchands rapportaient les épices des Indes et des îles indonésiennes. Elles devinrent vite indispensables aux Romains pour les préparations culinaires aussi bien que pour les cérémonies religieuses. Les cargaisons d'épices valaient leur poids en or.

Le secret trahi

Au ve siècle, tandis que l'Empire romain se désagrégeait, l'Asie centrale fut mise à feu et à sang par les Huns Hephthalites qui s'installèrent dans le pays kusana. La Chine tomba aux mains des hordes barbares et sa population fut décimée par la guerre. Bien que l'on mît à profit les moindres périodes d'accalmie, les échanges se ralentirent. Pourtant, en ce siècle, Orient et Occident allaient, par l'intermédiaire de l'Asie centrale, perdre leurs secrets : la Chine celui de la soie, les Grecs et les Syriens celui des verres de couleurs translucides.

Sous le règne de T'aï Wou-Ti des Weï du Nord, en 424, des marchands de Sogdiane (actuel Ouzbékistan) se rendirent dans la montagne pour chercher les minerais nécessaires et fabriquèrent, dans la capitale chinoise, des verreries transparentes et éclatantes. Leur succès fut tel que le souverain créa des ateliers où l'on apprenait à souffler le verre. En 522, des moines venus de l'Inde proposèrent à l'empereur de Constantinople d'implanter des élevages de vers à soie.

La princesse et le ver à soie
C'est une princesse chinoise qui, la première, enfreignit les lois du secret à propos de la soie. Fiancée à un prince du **royaume du Khotan**, en Asie centrale, elle se désolait, nous dit la légende, de partir vivre dans un pays qui ne tissait pas la soie. Rejoignant son futur époux, elle cacha des vers à soie dans son chignon que personne n'osa fouiller à la frontière. Sans doute y avait-il aussi, dans son pays d'adoption, des mûriers pour nourrir les précieuses chenilles... C'est dans leurs cannes de pèlerins qu'un peu plus tard, des moines du Khotan cachèrent des œufs de vers à soie qu'ils proposèrent à l'empereur de Constantinople pour lui permettre de concurrencer les Perses.

Au caravansérail de Tach-Kurgan (la «Tour de Pierre»), aboutissaient les caravanes venant de la **Sogdiane**, du **Ferghana** et des oasis chinoises. Là, les marchandises changeaient de mains. Selon certains, le caravansérail était situé près de **Yarkand**, à l'est des **monts Pamir**. Pour d'autres, il se serait trouvé au nord de l'**Afghanistan**. Quoi qu'il en soit, Tach-Kurgan était la porte des pistes qui longeaient le **bassin du Tarim**. De là, il fallait encore sept mois pour rallier **Chang'an** (de nos jours **Xi'an**), la capitale chinoise. A 80 km à l'ouest de Dunhuang, la «**Porte de Jade**» était pour les Chinois la porte de l'inconnu.

Le temps des marchands arabes

L'Asie centrale restait, au VIIe siècle, la plaque tournante de toutes les routes de la soie lorsque la Perse se trouva brutalement convertie à l'islam. Tenant le commerce de la mer Rouge et du Nil, les routes qui commandaient l'Afrique ainsi que les rives de la Méditerranée, la Perse musulmane devint alors la grande rivale de la Chine car elle produisait, vendait et utilisait de la soie. Bien que le prophète Mahomet ait interdit à ses adeptes masculins de porter de la soie, ceux-ci n'y purent résister et s'en vêtirent, comme les Romains avant eux. L'Europe occidentale devint le premier client de la Perse et lui acheta tous ses excédents de soie. Passé les conquêtes, les califes se révélèrent des monarques éclairés et suscitèrent un véritable âge d'or. Bagdad, la «ville aux mille bibliothèques», devint le carrefour culturel de l'univers.

L'aventure de Marco Polo

Alors que les croisés battaient en retraite après la capture du roi de France Saint Louis, en 1250, et devant la difficulté de contenir l'expansion musulmane, les Mongols apparurent, aux yeux de l'Occident, comme la seule puissance capable de s'opposer à l'islam.
La chute de Bagdad, en 1258, sous les coups de Hulagu, petit-fils de Gengis Khan, annonça la fin du grand Empire perse. Les musulmans étaient devenus l'ennemi principal des Mongols parce qu'ils étaient voisins et les bonnes dispositions de ces derniers à l'égard du christianisme n'étaient dues qu'à leur éloignement géographique de Rome. Pourtant, l'Europe se prit à rêver d'un allié catholique, apostolique et mongol.

Genes, Pise et Venise rivalisèrent sans cesse pour la domination des mers et du commerce des tissus et des épices. Pour les remercier d'avoir financièrement soutenu les croisades, on leur attribua d'énormes privilèges. Les trois villes possédaient des concessions commerciales qu'elles administraient librement et leurs ressortissants étaient souvent exemptés d'impôt. Elles finirent par détenir l'exclusivité du négoce des épices avec l'Inde et le Sud-Est asiatique. Venise s'était acquis un monopole économique sur la **mer Noire** et, au-delà, sur la route de la soie vers l'est et sur celle des fourrures vers le nord. Elle servait de banquier à l'Europe et entretenait des navires, des entrepôts, des magasins dans la plupart des ports méditerranéens.

Le périple des frères Polo
Un grand-oncle de **Marco Polo**, en homme avisé, avait ouvert un comptoir à **Constantinople** et il entretenait une antenne à **Soudak**, en **Crimée**, région où aboutissait la totalité des fourrures. C'est là qu'arrivèrent les frères Polo, partis de Venise en 1260. Ils s'enfoncèrent dans la steppe russe à la rencontre des **Mongols** de la **Horde d'Or** afin d'acheter leurs marchandises sans intermédiaire. En 1261, Constantinople tomba aux mains des Génois alliés à l'empereur byzantin et les frères Polo se virent coupés de leurs arrières. Pour cette raison, ils tentèrent de rentrer par l'est et ils se dirigèrent vers **Boukhara**, ville-étape de la soie, domaine de **Kubilay Khan**, empereur de Chine et chef suprême des Mongols.
Ce dernier, qui n'avait jamais vu de «Latins», souhaita les rencontrer. Il leur confia une lettre pour le pape où il demandait qu'on lui «envoye jusqu'à cent hommes savants à enseigner la religion et la doctrine chrétiennes». Les frères Polo rentrèrent millionnaires en 1269, mais entre-temps le pape était mort. Niccolo, qui avait laissé sa femme enceinte, se découvrit alors un fils, **Marco**.

Retour à Venise
Marco Polo regagna sa ville natale en 1295. Il se maria et exerça le métier de marchand jusqu'à sa mort (1324).

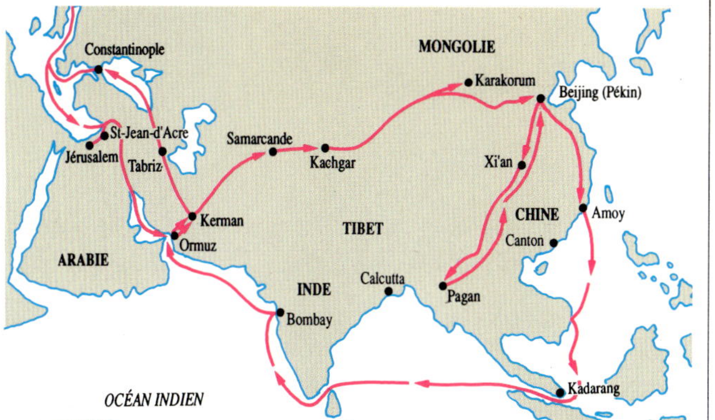

Les rumeurs circulant sur la conversion prochaine au christianisme des souverains mongols s'alimentaient au fol espoir d'une jonction entre deux mondes qui seraient chrétiens. C'est dans ce contexte politique et religieux qu'il faut situer les voyages de Niccolo et Matteo Polo. Marco Polo, lui, resta seize ans en Chine. En arrivant il trouva les Mongols bien peu disposés à adhérer au christianisme, d'autant plus que leur chef, Kubilay, avait été converti au bouddhisme par ses voisins les Tibétains. Les Mongols, pourtant, contrairement aux Chinois Han, faisaient bon accueil aux étrangers et Marco Polo, après avoir appris la langue et les usages de la cour, devint fonctionnaire de l'empire. Chargé de missions par le grand khan à Pékin ou dans le sud de la Chine, il conduisit des ambassades jusqu'en Inde et à Ceylan. Rentré à Venise, Marco Polo fut capturé lors d'un combat naval en 1296, et passa trois ans dans une prison génoise. Par chance, il partagea la cellule d'un lettré, Rustichello de Pise, auquel il dicta ses mémoires. Rédigé en français, «Le Devisement du monde», ou «Livre des merveilles», donne des informations exceptionnelles sur la vie quotidienne et les coutumes des peuples qu'il rencontra au cours de son fabuleux séjour en Orient.

Les ambassadeurs missionnaires
Lorsque l'avancée mongole en Europe fut stabilisée, **Innocent IV** (pape de 1243 à 1254) envoya en mission le franciscain **Jean du Plan Carpin**. Malgré ses soixante ans, celui-ci gagna le «Pays tartare» en quinze mois et il put ainsi assister, en 1246, au couronnement de **Güyük**, le grand khan, qui ne lui réclama pas moins que la soumission du pape. A son retour, il fournit de précieuses informations sur l'histoire et la géographie de l'Asie centrale dans le récit de sa mission intitulé «Histoire des Mongols». Sept ans plus tard, en 1253, **Saint Louis**, roi de France, dépêcha un nouvel émissaire qui souhaitait prêcher la religion chrétienne aux Mongols : **Guillaume de Rubroek**. Il s'embarqua à Constantinople en robe de bure, pieds nus, muni d'une lettre de recommandation pour **Sartak**, fils d'un khan de la Horde d'Or, mais il n'obtint pas plus de succès que son prédécesseur. A **Karakorum**, capitale de l'Empire mongol, on lui demanda la soumission du roi de France. A la fin du XIIIe siècle, **Jean de Montecorvino**, nommé évêque de **Pékin**, réussit à fonder une communauté chrétienne et baptisa plusieurs milliers de Mongols.

Histoire de la soie

Les archéologues chinois ont mis au jour des soieries que l'analyse au carbone 14 fait remonter à plus de 4 750 ans. Dans un site néolithique de la province du Shanxi on a retrouvé un cocon coupé de la main de l'homme mais il n'a pas été possible de déterminer son origine (cocon sauvage ou cocon d'élevage).

L'invention de l'élevage des vers à soie, de la culture du mûrier, arbre dont le ver dévore les feuilles, du dévidage du cocon et du tissage de la soie est attribuée par la tradition chinoise à Leizu, concubine de l'Empereur jaune, Huangdi, qui aurait vécu trois mille ans avant notre ère. Des inscriptions sur écaille et sur os découvertes dans des tombes de la dynastie Shang comportent les caractères signifiant : «mûrier», «ver à soie», «fil de soie». Elles confirment la réalité d'une production artisanale deux mille ans avant Jésus-Christ. Rédigé mille ans plus tard, sous les Zhou, le «Classique des vers», considéré comme un texte tout à la fois laïque et sacré, traite de la culture des mûriers et révèle que la production de soie était une activité importante des paysans.
Mais ce fut seulement à la fin du Ve siècle avant Jésus-Christ que se développa le commerce du tissu. Il s'agissait le plus souvent de troc : ainsi, l'armée chinoise reçut un million de rouleaux de soie pour payer la solde.

Rentrés chez eux, les nomades qui composaient la troupe les échangèrent contre d'autres marchandises. La soie parvint ainsi en Sibérie, en Mongolie, aux Indes, en Perse.
Un texte indien du IVe siècle, l'«Arthasastra» de Kautilya, mentionne des rouleaux de soie de Chine. La capitale des Han, Chang'an, comptait deux ateliers gouvernementaux de tissage où l'on distinguait déjà six qualités de tissus de soie, du satin jusqu'à la gaze.

L'ÉLEVAGE DES VERS À SOIE (larves du **bombyx** du mûrier) resta jusqu'aux Temps modernes un travail féminin. Il existait une divinité de l'élevage des vers à soie, mais le plus souvent c'était la «femme à tête de cheval» que l'on vénérait comme patronne de cette activité. Les femmes nourrissaient toutes les demi-heures les chenilles avec des feuilles de mûrier bien fraîches et finement hachées. Les vers craignent le bruit, le froid, les odeurs fortes et il fallait sans cesse se soucier de leur bien-être. Quand ils avaient suffisamment mangé de feuilles, il était très important de savoir reconnaître le moment précis où ils étaient mûrs pour filer. On les déposait alors sur des clayettes maintenues à une chaleur constante où ils formaient leur cocon.

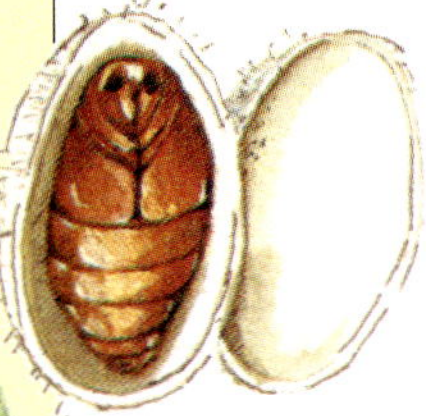

LE MURIER est un arbuste qui pousse en tout lieu. «Il n'y a pas un seul endroit de l'empire où l'on ne puisse élever des vers à soie.» La découverte des cocons sauvages dans l'Antiquité ne devint vraiment profitable que lorsque l'on sut comment nourrir les chenilles.

Il est indispensable d'empêcher la **chrysalide** d'éclore car pour s'envoler le papillon perce le cocon et rompt le fil de soie. Il faut donc exposer les cocons à la vapeur de l'eau bouillante pour tuer la chrysalide avant qu'elle ne déchire son enveloppe.

Plus de deux cent trente idéogrammes chinois ont pour racine le mot «soie», dont le caractère qui signifie «papier». Sous les Han antérieurs déjà (IIe-Ier siècle avant Jésus-Christ), on fabriquait du papier avec du chanvre ou de la bourre de soie. Après les avoir fait tremper dans de l'eau bouillante, on écrasait les cocons bien serrés dans une natte pour en extraire le fil. La natte, imprégnée de déchets et de fils de soie, offrait, une fois séchée et lissée, une surface se prêtant à l'écriture.

Les Chinois eurent l'idée d'appliquer ces feuilles sur des pierres gravées, préalablement encrées. Ainsi naquit l'imprimerie. Sous les Yuan, Marco Polo signalait l'émission de papier-monnaie fabriqué avec la pulpe du mûrier et étalonné sur le prix de la soie. Mille onces de soie valaient cinquante onces d'argent. Les impôts étaient perçus en écheveaux de soie.

TECHNIQUE SECRETE
Il semble que la technique de la soie ait peu changé pendant des millénaires. Celui qui brisait le secret de la soie était passible de mort. Aussi n'existe-t il que très peu de sources écrites à son sujet, notamment un traité du XIIIe siècle qui la décrit brièvement.

LE FIL DE SOIE
On cherche à obtenir un fil continu qui se dévide d'un bout à l'autre, tel qu'il a été filé par le ver. En réunissant les fils de plusieurs cocons on forme un fil unique, solide, élastique, rond, uniforme et tendu.

La valeur de la soie tient aussi à un bobinage réussi qui donne un fil sans nœuds ni aspérités. Pour les **satins** et les **taffetas**, les Chinois bobinaient à la main, pour les **gazes**, à la machine. Les écheveaux de couleur **grège** pouvaient ensuite être trempés dans une teinture d'origine végétale à base d'**indigo** ou de **garance**. Puis venait le tissage, et selon la manière dont s'entrecroisaient les fils de la **chaîne** et ceux de la **trame,** on obtenait de multiples textures.

Les explorateurs

La route de la soie connut son apogée sous la dynastie des T'ang (618-907), puis déclina avec elle. Les somptueuses cités, leurs temples et monastères, leurs œuvres d'art disparurent lentement, jusqu'à l'oubli total et ce ne fut qu'à la fin du XIXe siècle qu'on redécouvrit leur existence. Ces villes oasis se dépeuplèrent d'abord parce que les fleuves qui descendaient des glaciers s'asséchaient progressivement. Elles périrent enfin, car l'islam pénétrait par le glaive en ces terres et ne tolérait aucun vestige bouddhiste. Sous la dynastie des Ming (1368-1644), la route de la soie fut abandonnée. Le XVIIIe siècle fut pour l'Extrême-Orient une période de fermeture obstinée aux contacts extérieurs. Le sable avait recouvert les secrets des oasis des routes de la soie mais des légendes circulaient, racontant l'histoire de cités ensevelies, de fortunes enfouies.

Les premières découvertes eurent lieu par hasard ou furent le fait de chasseurs de trésors à la solde de potentats locaux. Elles attirèrent l'attention des scientifiques occidentaux qui préparèrent des expéditions. Les plus célèbres furent conduites par le Suédois Sven Hedin, par le Britannique sir Aurel Stein, par l'Allemand Albert von Le Coq et par le Français Paul Pelliot. Ces grands explorateurs partirent, à travers l'un des plus terribles déserts du monde, à la recherche des traces de deux mille ans d'échanges entre Orient et Occident.

SVEN HEDIN (1865-1952) était doté d'une forte personnalité et d'une invincible détermination. Il avait étudié la géologie, la physique et la zoologie en Suède puis la géographie historique et la paléontologie en Allemagne. Il effectua un voyage à **Kachgar** en 1890 puis, pendant vingt-cinq ans, il sillonna l'Asie centrale, tout autour du désert du **Takla-Makan** et de la région du lac **Lob-Nor**. Il tenta des incursions jusqu'au **Tibet** où il localisa la source de l'**Indus**. Dans sa tentative de dresser la carte de la région comprise entre les fleuves de **Yarkand** et du **Khotan**, il dut ramper six jours sans boire dans le désert avant d'atteindre, quasi mort, un petit étang d'eau douce. Il découvrit des cités enfouies sous le sable, conservées par la sécheresse. Il y observa les fresques murales et l'intérieur des habitations. Son plus grand succès archéologique fut la découverte de **Lou-Lan**, une ville de garnison chinoise citée par Marco Polo. Les chercheurs s'appuient encore sur certains des matériaux qu'il a recueillis.

Journal des Voyages

LES VOYAGES DE SVEN HEDIN

PAUL PELLIOT (1878-1945) conduisit une mission archéologique française dans le **Turkestan**. Il connaissait le chinois et le tibétain. Aussi, quand il réussit à se faire ouvrir la cachette des manuscrits de Dunhuang, il eut tout loisir de choisir les plus intéressants. Il raconta ces moments intenses dans «Trois ans dans la Haute-Asie». «Brusquement, je me trouvai dans une petite grotte qui n'avait pas trois mètres en tous sens, et était, sur deux ou trois épaisseurs, bourrée de manuscrits. [...] Vous vous imaginez sans peine quelle émotion poignante m'a saisi : j'étais en face de la plus formidable découverte de manuscrits chinois que l'histoire d'Extrême-Orient ait jamais eu à enregistrer.»

Entre 1890 et 1924, les missions scientifiques de différentes nations occidentales, à la recherche de sites disparus, se succédèrent en Asie centrale chinoise. Elles en rapportèrent un immense patrimoine de livres, peintures, statues, broderies, dispersé aujourd'hui dans une dizaine de pays. Discutable dans son principe, le transfert en Europe de ces trésors des anciennes routes de la soie a, dans de nombreux cas, permis leur conservation et leur entretien. On retrouva, au cœur des déserts de sable, les traces des caravanes antiques. L'ancienneté des échanges entre les deux confins du monde fut prouvée. Sir Aurel Stein releva sur des fresques gréco-bouddhiques du IVe siècle le nom d'un certain «Tita» dans lequel il faut sans doute reconnaître une déformation du latin «Titus». Etant donné les affinités de ces peintures avec certains portraits romains de la même époque ou avec ceux du Fayoum en Egypte, il y devina des œuvres exécutées sous la direction d'un peintre venu du monde méditerranéen. Les routes de pénétration du bouddhisme furent mises au jour à partir du royaume de Gandhara (l'actuel Pakistan), où s'allièrent, à partir du Ier siècle après Jésus-Christ, l'art bouddhique indien et l'art grec, pour donner les premières statues du Bouddha. Sir Aurel Stein inventa l'expression «art sérindien», (le mot «Sère» qui désigne la Chine précédant le mot «Inde»), pour qualifier l'art qui succéda à la diffusion du bouddhisme en Chine, dans le Nord de laquelle fut retrouvée la plus ancienne statue connue du Bouddha, datée du IVe siècle.

Les grottes des mille Bouddhas de Dunhuang, classées monument historique, sont l'une des merveilles du patrimoine de l'humanité. La plupart sont rectangulaires, avec des murs et un plafond peints ; elles se prolongent par une grande véranda extérieure qui abrite les statues des divinités gardiennes. Deux grottes, qui s'élèvent de la base au sommet de la falaise, servent de temples à deux immenses bouddhas. Dès le Ve siècle, Dunhuang fut un important centre religieux, une halte que les pèlerins enrichissaient de leurs dons. Une inscription sur une stèle relate qu'en 366, un moine nommé **Lo Cun**, frappé par la vision de dix mille bouddhas dans les cieux, alla vivre en ermite sur la falaise et y installa un petit temple. Les grottes situées autour de celui-ci furent ensuite peintes et sculptées. Jusqu'au règne des empereurs mongols, les différents temples taillés à flanc de falaise suivront l'évolution de l'art bouddhique en Chine. Le site fut redécouvert au début du XXe siècle lorsqu'un certain **Wang Yuan Lu**, fuyant la famine sévissant au **Hubeï**, se réfugia au Gansu. Il s'installa à Dunhuang et engagea un ouvrier pour déblayer une grotte ensablée. Alors apparurent des peintures magnifiques de **bodhisattvas**. Puis un pan de mur s'écroula avant que Wang n'ouvrît une autre brèche et ne découvrît la bibliothèque fabuleuse.

chinois. Les monnaies montrent que les artisans travaillaient selon les traditions grecques.

Dans les sites archéologiques de l'époque **hellénistique**, comme **Begram** en pays kusana, des verres du IIe siècle av. J.-C. apportés d'**Egypte** ou de **Syrie** ont été exhumés, prouvant la vitalité des échanges commerciaux et culturels. En Italie, entre Ostie et Fiumicino, un bronze chinois du XIIe siècle av. J.-C. a été découvert dans un champ en 1941. Les fouilles de **Pompéi** ont révélé des ivoires témoignant des relations entre l'Inde et l'Empire romain au Ier siècle apr. J.-C. En **Sibérie**, nombre d'objets précieux exhumés semblent venir de la **Bactriane**, une région située au carrefour des mondes grec, iranien, indien et

Au début du XXe siècle, le Japon s'imposa comme le premier pays producteur de soie au monde. En Chine, à la même époque, une maladie frappa les chenilles, puis les bombardements de l'occupant japonais dévastèrent les champs de mûriers. Enfin, la révolution communiste abolit l'exploitation des enfants qui travaillaient dans les filatures de Shanghai. Dans les années 1980, la Chine est redevenue le premier producteur mondial de soie grège. Mais trente-cinq pays vendaient alors de la soie, dont la France et l'Italie, qui venaient en tête pour la qualité du textile.

La soie en Occident
A l'origine, il y eut la soie de Chine puis la soie de **Perse**, les soies de **Bagdad**, de Constantinople, d'**Antioche**, d'**Andalousie**. **Jérusalem**, **Alexandrie** furent de grands centres de tissage et **Beyrouth** le cœur de l'implantation des soyeux juifs. Au temps des croisades, le roi **Roger II de Sicile** fit prisonniers des ouvriers de la soie **byzantins**. Il les transféra dans son royaume et les mit au travail. Ainsi fut créée à **Palerme** une industrie de la soie. La **sériciculture** était arrivée chez les chrétiens d'Occident.

La fin du voyage
Vint un jour où tout le monde détenait le secret de la soie. Ce qui compta désormais fut le prix de revient, que le transport alourdissait d'autant. Ainsi les Italiens devinrent-ils au XIVe siècle les fournisseurs presque exclusifs de la France, de l'Angleterre et de l'Allemagne. Depuis la Sicile, la sériciculture avait gagné **Venise**, **Florence**, **Milan** et **Bologne**, villes qui tout à la fois produisaient et vendaient. Lorsque le roi de France **Louis XI** eut ordonné à la ville de **Lyon** de créer des ateliers de soieries, celle-ci devint la dernière grande capitale de la soie. Deux Piémontais s'installèrent dans cette ville qui exemptait d'impôts les ouvriers de la soie qui s'y fixaient à vie et y créèrent la fameuse «Fabrique de Lyon».

Les navigateurs portugais

Goa
La grand-place du marché dans la capitale des Indes orientales portugaises.

Les astres, repères du navigateur
Affronter les océans exigeait de connaître la position relative du navire.
Seule la **latitude** – situation par rapport à l'équateur – était alors calculée.
Les Chinois et les Arabes ont inventé des instruments de mesure qui serviront dans toutes les grandes découvertes, la **boussole**, l'**astrolabe** et l'**arbalète**.

La plupart des Européens, avant le XVe siècle, situaient volontiers l'enfer après l'horizon. Pour eux, la terre était plate, entourée d'un océan peuplé de monstres dévoreurs de navires, même si les érudits enseignaient que la terre était ronde. C'est pourtant à cette époque, que des hommes partirent sur des mers inconnues, poussés par la soif de l'or, espérant découvrir de nouvelles routes vers les Indes et leurs épices. En une génération l'homme connut les limites du monde.

L'astrolabe (à gauche) permet de viser un astre à l'aide d'une aiguille placée sur un cercle gradué : la hauteur de l'astre sur la ligne d'horizon se lit sur le cercle.
L'**arbalète** (ci-contre) – règle sur laquelle coulisse une traverse –, sert à la même mesure.
Des tables indiquent alors, suivant l'astre et l'époque, sur quel parallèle on se trouve.

Le défi atlantique

La Méditerranée, mer fermée, était sillonnée par les marins depuis l'Antiquité, tandis que l'Atlantique restait méconnu. Les Génois et les Vénitiens, les grands navigateurs du Moyen Age, n'osaient pas s'aventurer avec leurs navires sur «l'océan du Nord», alors que les Vikings avaient déjà osé affronter la haute mer, abordant même, au Xe siècle, les rivages du Groenland et de l'actuel Canada. Au XIIIe siècle, sur la côte ouest de l'Europe, les flottes de pêche se développaient : marins hollandais, anglais, portugais, basques ou bretons poursuivaient, au large, les bancs de harengs et de morues, ou chassaient la baleine. Les ports de la façade atlantique étaient également animés par une population de marchands entreprenants, désireux d'armer des navires pour aller chercher l'or et les épices. A cette époque, nobles et bourgeois des villes, qui appréciaient les soieries, l'ivoire et les épices, étaient approvisionnés par les Génois. De Londres à Hambourg et sur la Baltique, les navires des villes de la confédération de la Hanse monopolisaient le trafic marchand.

UN SAINT VOYAGEUR Moine irlandais mort vers 580, **saint Brandan** évangélisa l'Angleterre du Nord, l'Irlande et entreprit un voyage périlleux dans l'Ecosse païenne. La légende lui attribue la découverte d'une île perdue, battue par les tempêtes, tout près du paradis, très loin vers l'ouest. Le récit du voyage, les **«Pérégrinations»**, s'embellit de faits et d'exploits extraordinaires dont s'emparèrent les peintres et les tailleurs de pierre qui montrent le saint affrontant les mille périls et les monstres marins d'une mer inconnue. La tradition orale fit circuler dans les ports de l'Atlantique la croyance en l'existence de terres perdues vers l'ouest.

LA MANNE DE L'OCÉAN Les pêcheurs de l'Europe du Nord-Ouest épuisèrent les bancs de harengs pendant tout le Moyen Age. L'Eglise chrétienne imposait près de trois mois de carême aux populations d'Europe qui consommaient de ce fait d'importantes quantités de poissons salés ou fumés. A la fin du XVe siècle, des pêcheurs découvrirent d'immenses bancs de morues au large de l'île de **Terre-Neuve**, près de l'Amérique du Nord. **Portugais**, **Basques**, **Anglais**, **Rochelais**, **Bretons**, **Normands**, tous des hardis pêcheurs, partaient au printemps pour les bancs. La morue était séchée sur les plages de l'île ou entassée dans les blocs de sel des cales des navires. En été, les bateaux rentraient et la morue était vendue dans toute l'Europe.

Inventer la caravelle

Les navires des ports du Nord transportaient en grande quantité blé, sel et tonneaux de poissons, produits lourds et bon marché qui nécessitaient un transport rapide. Au XIIIe siècle, ces bateaux à deux mâts, arrondis et équipés de hauts bords pour se protéger des vagues de l'Atlantique, marchaient à la voile carrée ; puis apparut la voile latine, qui permit de naviguer à la «bouline» – c'est-à-dire en zigzag contre le vent. Quel que fût le régime des vents, le navire avançait donc. Le gouvernail d'étambot permettait de diriger précisément le navire. En Méditerranée, les Génois s'inspirèrent des navires du Nord et fabriquèrent la caraque, conçue pour le voyage au long cours. Haute sur l'eau, avec trois ponts et trois grands mâts, pouvant atteindre 40 mètres, elle portait une importante voilure. Cinquante hommes et une tonne de cordages étaient nécessaires pour la manœuvrer. Les Portugais inventèrent la caravelle au XVe siècle. Légère, avec un seul plancher et deux ou trois mâts portant des voiles latines, elle était conçue pour la vitesse.

LA NEF était le principal voilier du Moyen Age. Lente et ronde, capable d'affronter l'océan, elle exigeait une cinquantaine de marins pour sa manœuvre. La **caravelle**, qui en nécessitait moitié moins, existait bien avant les voyages d'exploration. Ce mot désignait un petit voilier de la péninsule Ibérique utilisé pour la pêche et le cabotage. La légende raconte que la caravelle fut imaginée par les architectes navals de la première école de navigation en Europe, située à **Sagres** au Portugal. Le prince **Henri le Navigateur** participa même à l'élaboration des plans.

LA KOGGE HANSÉATIQUE, à voile carrée, manœuvrée par dix hommes, plus élancée que la nef, emportait aussi un tonnage trois fois plus important – 100 à 200 tonnes de fret. On distingue à l'arrière le gouvernail d'étambot apparu au XIIIe siècle.

LA CARAQUE, ou **nao**, pour les Portugais, navire ventru, était un trois-mâts carré puissant, plus solide que la caravelle et plus confortable pour les traversées au long cours. **Magellan** et **Colomb** naviguèrent sur un nao.

LE NAVIRE DE PECHE des côtes atlantiques, à gréement carré idéal pour la haute mer, et à gouvernail latéral, inspira les architectes navals portugais.

LA CARAVELLE, gréée avec des voiles latines, sur deux ou trois mâts, était un navire léger et maniable, au faible tirant d'eau.

La route des épices

Depuis l'Antiquité, les Européens faisaient venir les épices de l'Extrême-Orient. Les épices – une centaine de condiments, du clou de girofle au «sang de dragon» – ne servaient pas seulement en cuisine mais aussi dans la pharmacopée. Les soies de Chine, l'ivoire, les pierres précieuses aux vertus miraculeuses suivaient le même chemin – «la route mongole» –, qui les conduisait jusque dans les ports italiens de la mer Noire. En 1395, les cavaliers mongols de Tamerlan les brûlèrent. Les Européens durent alors s'approvisionner par l'intermédiaire des musulmans. L'accroissement des échanges provoqua une forte demande d'or à la fin du Moyen Age. Outre leur demande en monnaie métallique, les cours princières, la bourgeoisie marchande et l'Eglise voulaient de luxueux objets en or. Le métal précieux venait de l'Afrique. Sa rareté provoquait une véritable obsession. Les marchands espéraient contrôler le trafic de l'or du Soudan et trouver une autre route vers l'Extrême-Orient pour s'approvisionner directement en épices.

LE POIVRE
«Poivre» vient du mot indien «pipalt» ; l'arbuste est très répandu, mais il faut le soigner pour qu'il produise beaucoup. On le plante près d'un palmier qui lui sert de tuteur, il porte des grappes avec des graines. Elles sont cueillies vertes en été, séchées au soleil 3 ou 4 jours, puis conservées dans des vases en terre ; elles noircissent et donnent le **poivre noir**. Si, après avoir enlevé l'enveloppe, on laisse mûrir la graine, elle devient, une fois lavée, le **poivre blanc**. Au XVIe siècle, la côte de **Malabar**, en Inde, et **Sumatra** produisaient du poivre d'excellente qualité.

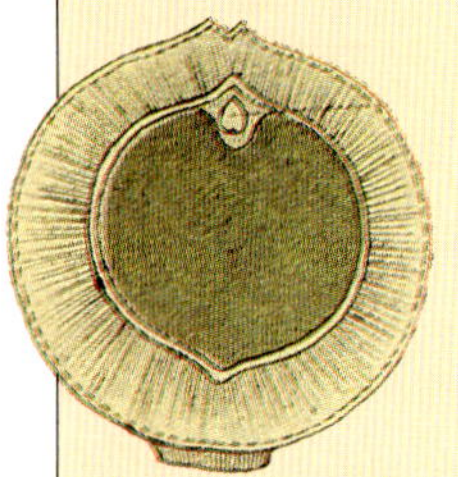

Un poivre moins cher, la **maniguette**, venait du **Bénin**, en Afrique.

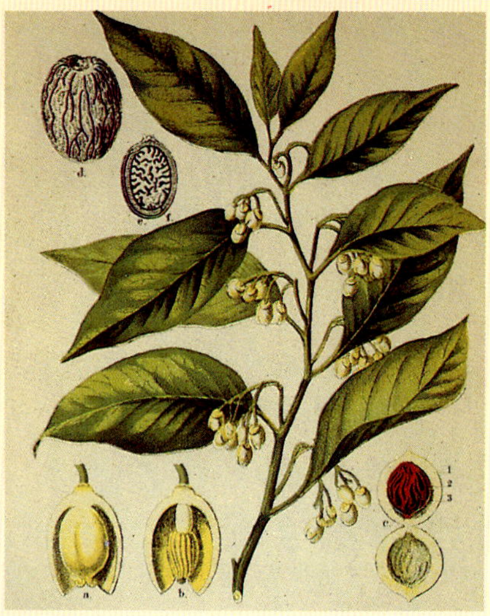

LA NOIX DE MUSCADE (ci-dessus) provenait surtout des îles de **Banda**, au cœur de l'**Insulinde**, entre l'océan Indien et l'océan Pacifique. L'arbre ressemble à un pêcher. Son fruit mûr, épluché et séché, fait apparaître la noix de muscade.

LA CANNELLE (en haut) était l'une des épices les plus coûteuses, elle venait de **Ceylan**. Elle est obtenue à partir de l'écorce d'un arbre de la famille des lauriers qui doit sécher au soleil. **Java** et la **Chine** produisaient également de la cannelle.

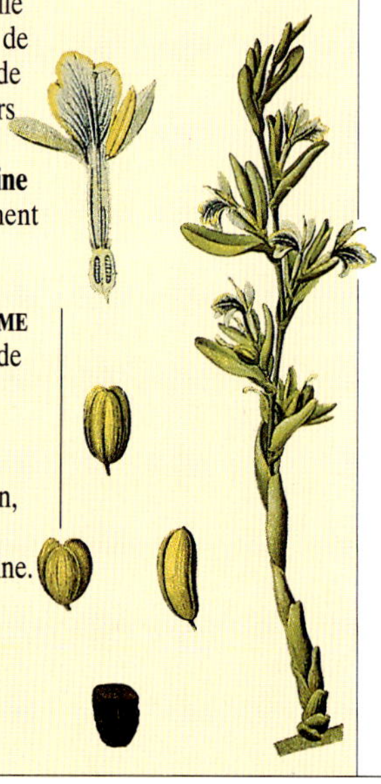

LA CARDAMOME (ci-contre) de saveur poivrée, récoltée à Ceylan, sert en médecine.

L'ORIGINE DES ÉPICES
Le **poivre** et le **gingembre** poussaient en Inde, les **clous de girofle** et la **muscade** venaient d'îles plus à l'est, **les Moluques**, en **Indonésie** actuelle, où les Arabes allaient les chercher. Ces îles devinrent l'objet d'une grande rivalité entre Portugais et Espagnols.

DEUX ASTROLABES

LE ROYAUME DU PRETRE JEAN
Outre une route vers les Indes, les marins portugais cherchaient le royaume du prêtre Jean. Les Européens situaient en Afrique un royaume chrétien, puissant et riche, isolé par l'essor de l'islam. La légende de ce royaume se répandit dès le XIIe siècle, alors que le trafic commercial vers la Méditerranée dépendait des caravaniers musulmans, que les progrès de l'islam en Afrique inquiétaient et que l'Espagne restait en partie sous domination musulmane. Portugais et Espagnols espéraient prendre à revers les musulmans, en concluant une alliance avec ce royaume hypothétique. En attendant, ils entreprenaient des raids sur les côtes de l'Afrique du Nord pour libérer des chrétiens et s'emparer de musulmans qu'ils vendaient comme esclaves, comme les Noirs que les Portugais saisissaient plus au sud. Finalement quelques agents portugais entrèrent en contact avec le roi chrétien d'Ethiopie, mais il n'était nullement aussi riche et puissant que le prétendait la légende.

JACQUES DE VAULX, cartographe du Havre, auteur d'un traité de science nautique, publié en 1583, qui servit à des générations de navigateurs, présente sur cette gravure un marin prenant une hauteur d'étoile afin de connaître sa position. Il se trouve sur la côte, des caraques attendent au large. Il multiplie les relevés en utilisant le nocturlabe, l'astrolabe et l'arbalète.

L'HÉMISPHERE NAUTIQUE, ci-contre, avec ses lignes dessinées servait au pilote à garder son cap.

LE PORTULAN, carte nautique du XIIIe siècle d'origine italienne, guidait les navires de port en port et donnait aussi des indications sur la route à suivre.

Des navires solides ne suffisaient pas pour affronter les océans, il était nécessaire de s'orienter, de connaître sa position sur la surface liquide et d'établir des cartes des côtes découvertes. De la Chine au Moyen-Orient, l'aiguille aimantée fut utilisée dès le XIe siècle. Mise en rotation sur un aimant naturel, l'aiguille se stabilise en position nord-sud. Ignorant le phénomène du magnétisme terrestre, les navigateurs considéraient l'aimant comme une pierre magique. Au XIIe siècle, l'aiguille aimantée est couramment utilisée par les Arabes en Méditerranée. Les Italiens leur empruntèrent ce précieux instrument, et le baptisèrent «bussola», du nom de la petite boîte où tourne l'aiguille. Ils la perfectionnèrent en divisant le cadran sous l'aiguille en trente-deux secteurs, ou rhumbs, qui divisent l'horizon. Ces directions, reproduites sur les cartes, permettaient de se diriger. Sans carte, les explorateurs se servaient de l'astrolabe ou de l'arbalète pour se situer grâce aux astres. L'approche de côtes inconnues était périlleuse en raison des hauts-fonds : les marins utilisaient alors les méthodes des mers du Nord où l'on naviguait à la sonde, sans carte, ni boussole. La sonde, enduite de suif, donnait la profondeur de la mer et la nature des fonds. Ces techniques ne remplaçaient pas l'expérience concrète des marins.

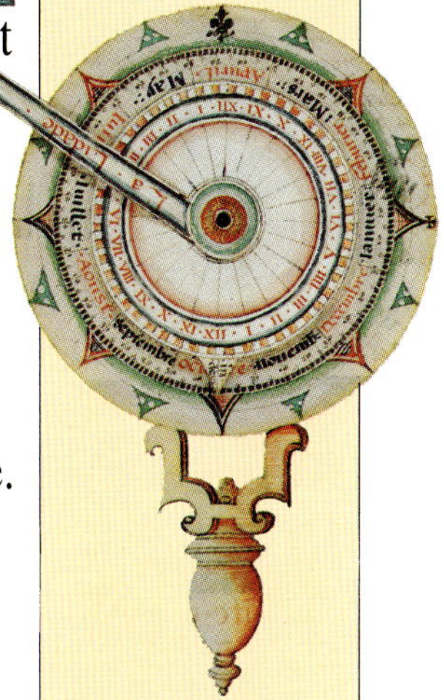

LES INSTRUMENTS
Le **nocturlabe** (ci-dessus), d'origine arabe comme l'astrolabe, permettait de savoir l'heure la nuit, en visant l'étoile polaire, au centre, et une autre étoile avec la réglette. L'**arbalète**, utilisée pendant les grands voyages portugais, servait à mesurer la hauteur des astres et à faire le point pour connaître la latitude, calculée d'après les tables de déclinaison du soleil par rapport à l'équateur. Dans l'hémisphère austral, les navigateurs observaient plutôt l'étoile polaire. Ces instruments ne permettaient pas toutefois une navigation très précise, l'audace du pilote comptait plus que tout.

Henri le Navigateur (1394-1460), prince du Portugal, frère du roi, se passionnait pour les expéditions maritimes, bien qu'il ne participât jamais à aucun voyage. De sa résidence à la pointe de l'Algarve, au sud du Portugal, il dirigeait l'organisation et le déroulement des explorations. Grâce à sa fortune, il armait des navires, payait des capitaines et s'entourait de cartographes, d'astrologues et d'astronomes à la cour qu'il créa à **Sagres**. Le prince invitait aussi des scientifiques étrangers, tel le célèbre **Jacome de Majorque**, le meilleur spécialiste de la navigation en haute mer au XVe siècle. Le prince mourut 27 ans avant que **Bartolomeu Dias** ne doublât **le cap de Bonne-Espérance** en 1487.

Autour de l'Afrique

La cité marocaine de Ceuta prise aux musulmans en 1415, les Portugais poursuivirent vers le sud leur navigation, dans l'espoir de contourner l'Afrique. Les caravelles du prince Henri le Navigateur abordèrent les côtes du Sénégal en 1443. Les Portugais s'installèrent ensuite dans le golfe de Guinée où ils firent le trafic de l'or et des esclaves. L'équateur franchi en 1469, les marins portugais se trouvèrent dans une zone de vents contraires. Malgré tout, Bartolomeu Dias atteignit en 1487 le cap de Bonne-Espérance à l'extrême sud du continent et entra dans l'océan Indien.

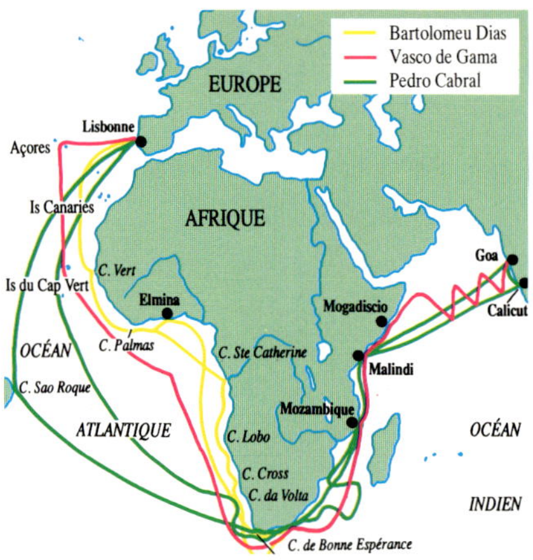

Le tour de l'Afrique fut accompli par étapes par les Portugais, luttant contre les vents contraires et les courants le long des côtes. Le passage d'un cap constituait un exploit que les marins marquaient par un «padrão» – borne surmontée d'une croix.

Pedro Cabral fut poussé par les vents en avril 1500 vers une terre inconnue à l'ouest. Cabral découvrit le Brésil, seule colonie portugaise dans le Nouveau Monde.

Vasco de Gama, noble portugais, connaissant l'astronomie et chef militaire réputé pour son caractère déterminé, se vit confier par le roi l'expédition qui ouvrit la route des Indes en 1498.

Bronze du Bénin figurant un Africain en soldat portugais.

En juillet 1497, quatre vaisseaux commandés par Vasco de Gama quittèrent Lisbonne pour continuer l'exploration de la route des Indes. La flotte passa le cap de Bonne-Espérance en novembre. Le 25 décembre, elle longea une côte que les Portugais baptisèrent «Natal», Noël dans leur langue. Au large du Mozambique, ils croisèrent des navires arabes chargés d'or, de clous de girofle, de poivre et de rubis. Malgré le mauvais accueil des marchands arabes, Vasco de Gama fit étape à Malindi (Kenya actuel), où il réussit à obtenir du sultan local un pilote qui connaissait la route des Indes. Celui-ci amena la flotte à Calicut, en vingt-sept jours, en mai 1498.

Bonne-Espérance
Les détroits et les caps, noyés dans la brume, parcourus de vagues gigantesques et balayés par les vents, étaient redoutés par les marins. Ils pensaient que chacun était l'entrée de la «mer ténébreuse», celle dont on ne revenait pas. En 1487, Dias avait baptisé **cap des Tempêtes** le cap au sud de l'Afrique ; **Jean II** du Portugal le nommera cap de Bonne-Espérance à la fois pour effacer la peur qu'il inspirait et pour signer l'espoir d'une nouvelle route vers l'Orient fabuleux.

Sur cette carte de 1529, le cartographe portugais **Diogo Ribeiro** a reproduit les voyages de **Dias**, **Colomb**, **Vespucci**, **Vasco de Gama** et **Magellan**.

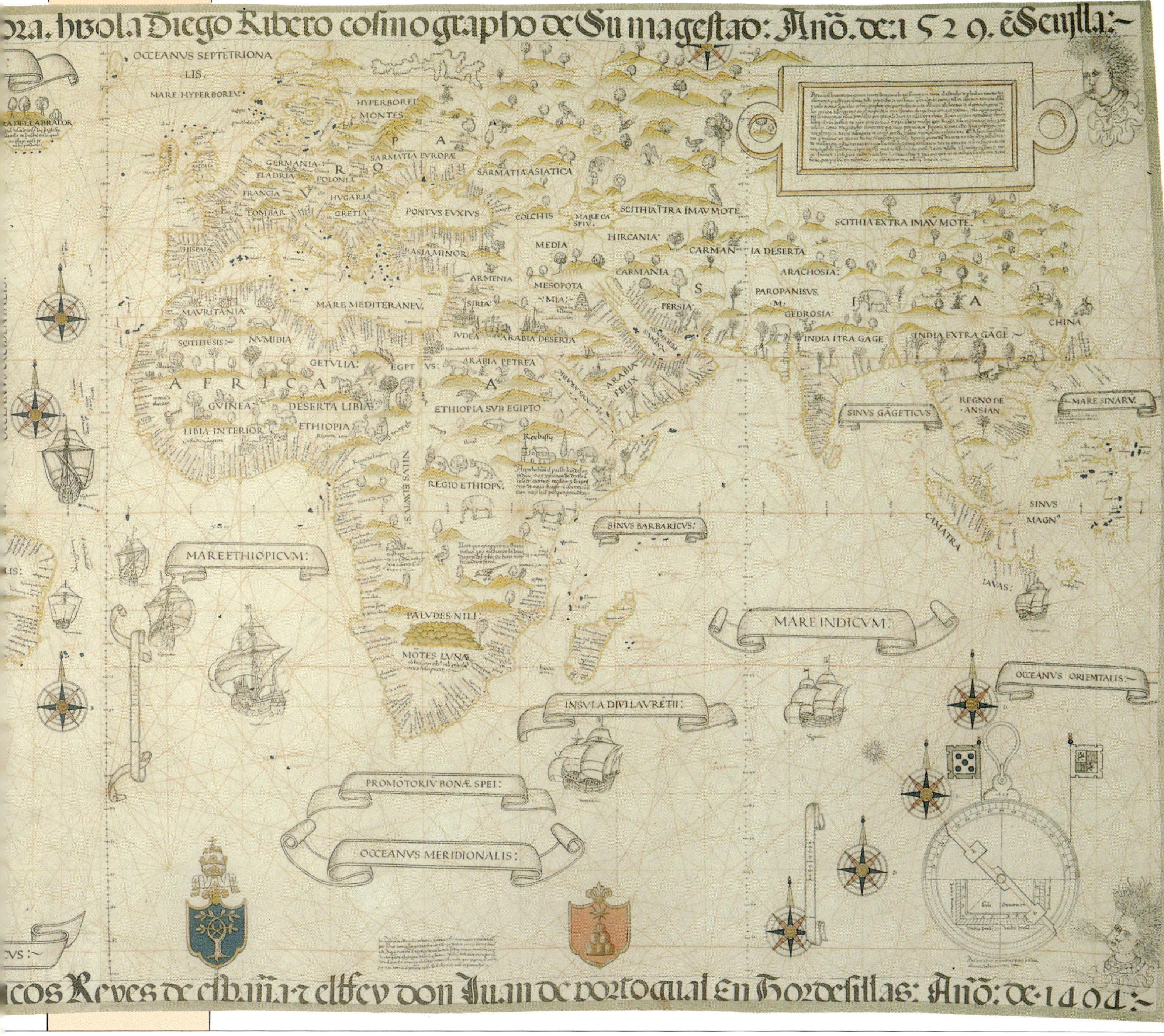

L'océan des Arabes

Au XVe siècle, lorsque les Portugais arrivèrent dans l'océan Indien pour conquérir les routes maritimes de l'Orient, il se trouvèrent en concurrence avec les Arabes, qui maîtrisaient le commerce de la mer Rouge à la mer de Chine. Familiers des routes entre Zanzibar et Ceylan, de la côte de Coromandel, en Inde, ou du détroit de Malacca, ils connaissaient le secret de la mousson.

La cote orientale de l'Afrique était jalonnée de cités-Etats, dirigées par des sultans musulmans, souvent rivaux, et où le commerce était contrôlé par les navigateurs et marchands arabes. Sur cette image, des **boutres** arabes sont échoués sur la plage et deux caraques portugaises sont à la panne au large.

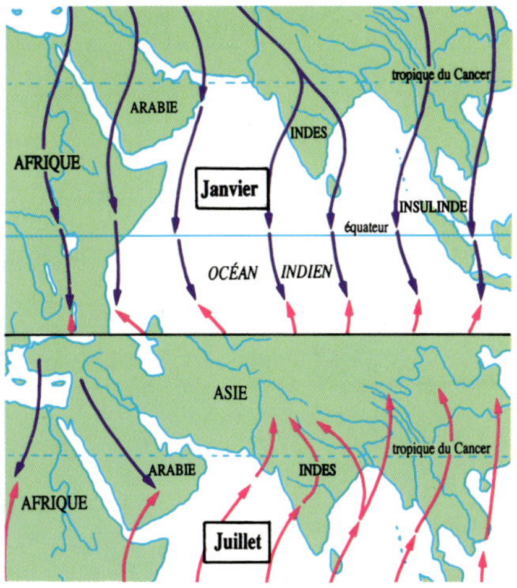

La mousson Vasco de Gama apprit d'un pilote arabe le mécanisme de la mousson ; le mot vient de «mausim», saison en arabe. De juin à septembre, le vent souffle du sud-ouest vers le continent asiatique, de novembre à mars du nord-est vers la mer. La mousson rythmait la navigation à la voile dans l'océan Indien.

Le commerce des esclaves Pour les Arabes, comme pour les Européens, l'Afrique était un «réservoir» à esclaves. Sur la côte orientale, les marchands arabes entretenaient ce commerce fructueux depuis des siècles. Un réseau de pistes reliait la côte à l'intérieur des terres ; des centaines d'esclaves étaient échangés contre des armes, des draps et des grains. Sur les côtes du désert mauritanien, les caravelles portugaises se chargeaient également d'esclaves. Dans toute l'Afrique, ce «commerce» allait durer jusqu'à la fin du XIXe siècle.

Les drogues Les Portugais importaient aussi des «drogues» de l'Orient : encens, myrrhe, gomme d'Ethiopie, rhubarbe, camphre de Chine et de Bornéo, utilisées par les apothicaires.

La route des Indes

Un nouveau type de grands voiliers, les galions, plus adaptés à la haute mer, avec une coque longue et effilée et quatre mâts – les deux de l'avant portant des voiles carrées et ceux de l'arrière des voiles latines –, apparut au cours des XVe et XVIe siècles. Ils remplacèrent peu à peu la caraque, lourde et ronde, et la caravelle, trop légère pour le transport en grande quantité des marchandises. Les galions partaient de Lisbonne en mars, pour profiter de la mousson d'été, lors de la traversée de l'océan Indien. Leur voyage durait environ six mois dans chaque sens ; le retour avait lieu fin décembre. L'incertitude du voyage tenait aux conditions de navigation dans l'Atlantique ; un retard important pouvait obliger les équipages à hiverner sur la côte du Mozambique pour attendre la mousson favorable. Dans l'Atlantique, les Portugais suivaient une route qu'ils appelaient «volta» – la boucle –, car, à partir des îles du Cap-Vert, ils ne suivaient plus la côte de l'Afrique, mais ils s'orientaient au sud-ouest pour éviter les calmes équatoriaux, où ils craignaient une immobilisation prolongée sous un soleil torride. Les vents portants poussaient les navires, dans une grande boucle, jusqu'au large du Brésil ; là, ceux-ci viraient en direction du cap de Bonne-Espérance. Le voyage vers les Indes était une aventure dangereuse.

Provisions et cargaison

Des pots en terre ou des sacs conservaient la nourriture à l'abri de l'humidité. Le lard séché était la seule viande à bord ; les escales permettaient de se procurer de la viande fraîche. L'eau douce était gardée dans des barriques. L'artillerie absorbait un quart du coût de l'armement ; à cela s'ajoutait l'équipement en armures et fusils des soldats embarqués.

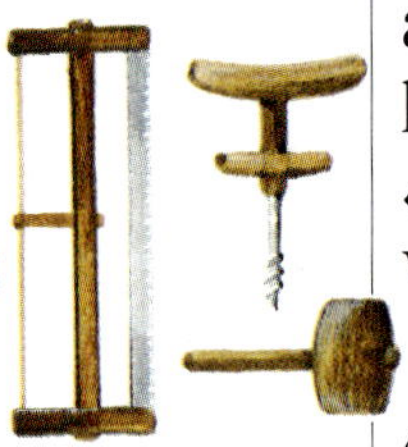

Sur un navire, toute la voilure et tous les cordages étaient doublés, permettant leur éventuel remplacement. Du bois et du goudron étaient entreposés à bord pour réparer les avaries graves. Un galion du XVIe siècle emportait une quarantaine de pièces d'artillerie dont la moitié de gros calibre pesant 200 à 300 kg. L'armement, c'est-à-dire l'équipement, d'un navire des Indes nécessitait une bonne organisation.

En premier, l'armateur se préoccupait des armes et de la voilure.

Le Portugais des Africains
Cette salière en ivoire du Bénin, royaume de l'Ouest africain, représente un marin portugais sur son navire. Les gros navires, les armes à feu et les costumes étonnaient les Africains du XVIe siècle ; ils sculptaient dans l'ivoire et moulaient en bronze les Portugais, ces hommes étranges à la peau blanche. Le navire, les armes à feu sont reproduits avec fidélité, ce qui illustre des contacts économiques étroits.

Pendant les six mois, ou plus, du voyage, 700 à 800 personnes, marins et passagers, étaient entassées dans le galion. L'équipage dormait sur le pont, les officiers et les missionnaires se partageaient les quelques cabines du bord, les autres voyageurs s'installaient dans les cales parmi les marchandises et les vivres. Ceux-ci, en raison du climat, étaient difficiles à conserver. Le lard pourrissait, les biscuits – sorte de pain – étaient mangés par les vers. L'eau, qui exhalait rapidement une odeur putride, était rationnée lors des grandes chaleurs. La malnutrition et le manque de vitamines provoquaient le scorbut que l'on soignait, aux escales, en consommant des oranges et des citrons. Les épidémies à bord étaient meurtrières, malgré les soins du chirurgien. A tant d'inconfort, s'ajoutait la peur des tempêtes et des attaques de corsaires. Equipages et passagers brisaient la monotonie de la navigation en jouant. Un voyageur pouvait perdre tout ce qu'il emportait aux Indes pendant la traversée. Messes, processions et représentations théâtrales animaient quelquefois aussi le pont.

Le naufrage
«La mer était parsemée de caisses, de barriques et d'objets, tout cela flottant au milieu des gens qui nageaient vers la terre. On en voyait çà et là qui, ne pouvant plus nager, vomissaient l'eau qu'ils avaient avalée. [...] D'autres pris entre les caisses étaient tués, puis achevés par les vagues qui les jetaient contre les rochers.»
Les rescapés arrivèrent à la côte où «des Cafres [Noirs de l'Afrique orientale] les attaquèrent et les dépouillèrent tous de leurs vêtements».

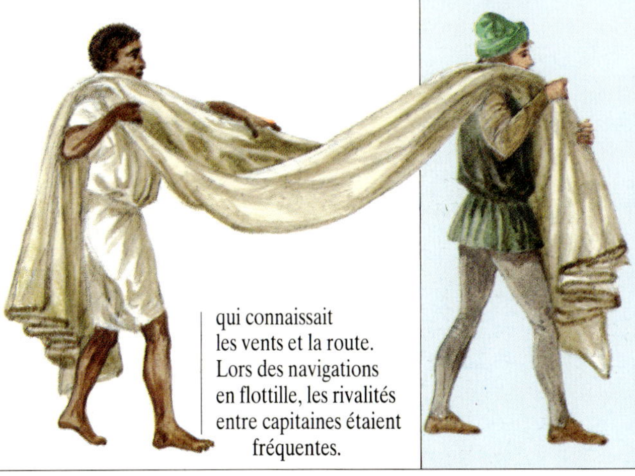

L'équipage
Seul maître à bord, le capitaine commandait tout l'équipage et veillait sur les passagers, mais, pour la navigation, il partageait son pouvoir avec le pilote qui connaissait les vents et la route. Lors des navigations en flottille, les rivalités entre capitaines étaient fréquentes.

L'équipage se composait d'environ 60 à 70 matelots, mal considérés à bord, complétés par : des charpentiers, calfats spécialisés dans l'entretien de la coque, des tonneliers, des forgerons et, bien sûr, un chirurgien ou un barbier, un écrivain et un aumônier. Les soldats étaient parfois 150 à bord. Artilleurs et fantassins étaient mieux traités que l'équipage. Le connétable dirigeait la troupe et n'en répondait que devant le capitaine.

L'origine des voyageurs était variée : cadres de l'administration coloniale, officiers, missionnaires, marchands, avec leurs commis, simples paysans, qui tentaient leur chance en Orient, ou, enfin, aventuriers de toutes sortes, qui quittaient l'Europe pour se mettre à l'abri.

«Nanbajin», «les Barbares du Sud», tel était le nom donné par les Japonais aux Portugais qui venaient du sud. Ce paravent de l'école de **Kanô Mitsunobu** (XVIe siècle) montre l'arrivée d'une caraque portugaise à **Nagasaki** au Japon. Le peintre a traité la scène d'une façon humoristique, en exagérant l'allure des Portugais (ci-contre). Ceux-ci venaient de Chine et rétablissaient ainsi le commerce interrompu entre les deux pays. Ils apportaient avec eux le **mousquet** dont l'usage se répandit rapidement au Japon. En effet, en 1543, le pays était dévasté par une guerre civile, faite de conflits incessants entre les seigneurs locaux – les **daimyos.** L'empereur, qui résidait à **Kyoto**, était sans autorité. **Oda Nobunaga**, seigneur du Nord, s'imposa vers 1568 comme **shogun** – chef de guerre –, et favorisa les Portugais.

Les Moluques produisaient 25 000 quintaux de clous de girofle au XVIe siècle.

L'empire

Les Portugais continuèrent leur expansion vers l'Asie orientale. Ils débarquèrent dans la presqu'île de Malacca en 1509, aux Moluques en 1512, et abordèrent le Japon en 1543. Leur empire commercial était appuyé sur des bases côtières et son territoire était l'océan. L'Afrique leur procurait or et esclaves. Construit en 1482, le fort de Sao Jorge da Mina était leur base sur la côte de l'Or, d'où ils exportèrent 410 kilos d'or guinéen par an jusqu'en 1527. Lorsque la contrebande détourna cette production, les Portugais avaient déjà trouvé, en Afrique orientale, le royaume du Monomotapa qui les fournit en or au XVIe siècle. Goa en Inde et Macao en Chine – possession portugaise à partir de 1557 –, commandaient le commerce d'Asie. Depuis ces deux ports, les Portugais allaient aux Moluques et au Japon, et commerçaient avec l'Inde et la Perse.

Les produits de luxe – épices, soieries, ivoire –, étaient entreposés dans ces deux centres suivant le calendrier des voyages. En Europe, cet empire maritime suscitait la convoitise des Etats.

Les «Francs» à Ormuz – comptoir portugais stratégique à l'entrée du golfe Persique. Ces marchands portugais et leurs épouses prennent leur repas, les pieds dans l'eau, pour atténuer les effets de la chaleur. Ils sont servis par des Perses ; l'un d'eux, en haut, verse de l'eau sur le sol. L'arabe était la langue commerciale de l'océan Indien et, comme au temps des croisades, les Européens, ici des Portugais, étaient appelés les **Francs**. Ceux-ci commerçaient avec les Arabes dont les marchés absorbaient une grande quantité de produits asiatiques. Cela explique l'organisation du commerce «d'Inde en Inde» : les Portugais apportaient à Ormuz poivre et épices depuis **Goa**, sur la côte de **Malabar**, en Inde, et revenaient d'Ormuz en Inde avec des armes, des chevaux et des pièces d'argent. Les Portugais obtenaient aussi en Inde des épices malaises et des soieries de Chine en échange du cuivre, très recherché en Asie. A **Sumatra**, à **Java** et dans les Moluques, les Portugais collectaient les épices. Le succès du commerce des épices avec les Arabes était tel qu'à partir de 1560 une partie des cargaisons destinées à Lisbonne était revendue dans les ports du Levant.

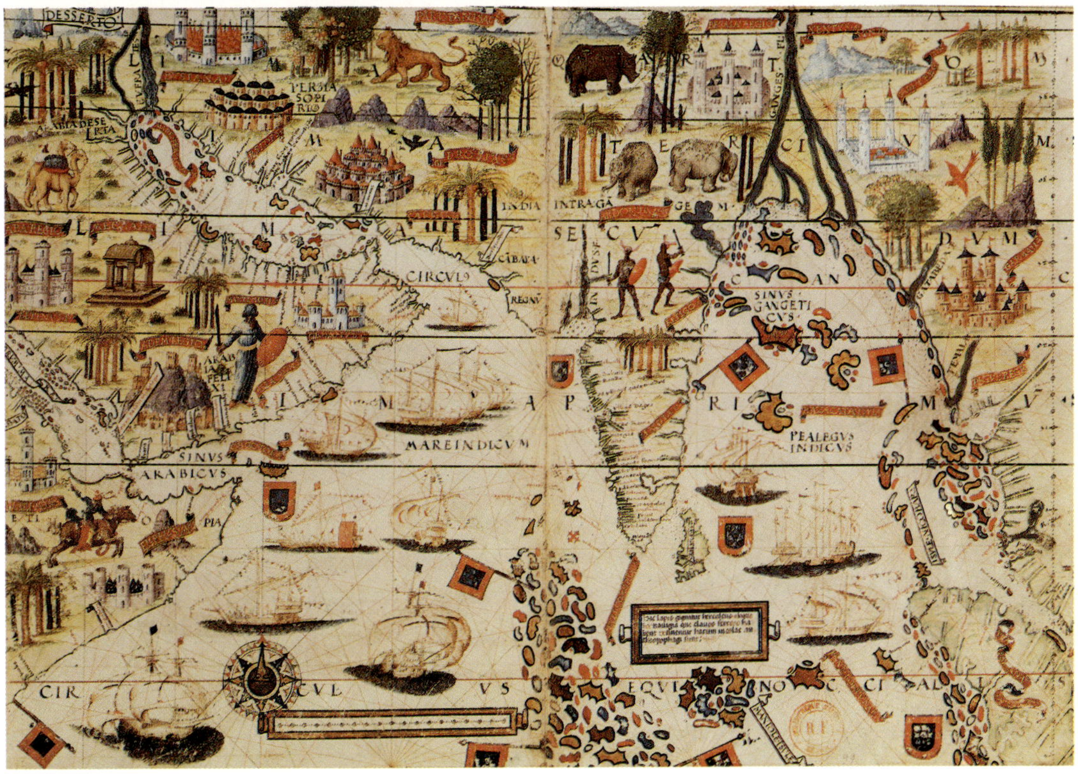

Atlas portugais
Princes, marchands et navigateurs avaient besoin de se représenter le monde. Vers 1519, le maître des cartes marines du roi du Portugal, **Lopo Homem**, fit dessiner un atlas où figurent les continents connus.
L'atlas accorde une grande place à l'Orient dont la partie extrême demeurait mal connue. La carte est peuplée d'indigènes, d'animaux et de villes ; en revanche, dragons et êtres fantastiques ont disparu, ce qui montre les progrès dans la connaissance de cette partie du monde. Croix et croissant sur les voiles permettent de distinguer les navires portugais des bateaux musulmans.
Les drapeaux rouge et bleu marquent les comptoirs portugais.

Dès 1539 – un an même avant que le pape Paul III n'eût approuvé la Compagnie de Jésus, créée par Ignace de Loyola –, le roi Jean III du Portugal avait demandé aux jésuites d'évangéliser les Indes orientales. François Xavier partit pour Goa (1541), sillonna l'océan Indien et débarqua au Japon en 1549. Les jésuites s'efforcèrent dans leur contact avec les Japonais de ne pas les choquer, en respectant leurs coutumes. L'accueil fut favorable.

François Xavier, élève d'**Ignace de Loyola**, fondateur de l'ordre des **Jésuites**, arriva à Goa en 1542. Il parcourut ensuite l'Inde et les îles de l'Insulinde avec quelques compagnons. Il séjourna au Japon d'août 1549 à novembre 1551 et partit l'année suivante en Chine où il mourut. Au Japon, les jésuites furent bien accueillis, et convertirent quelques milliers de paysans et des seigneurs. L'un d'eux leur concéda, en 1570, la ville de **Nagasaki**. Mais les jésuites finirent par se heurter à l'opposition des autorités. En 1597, vingt-six chrétiens furent martyrisés à Nagasaki.

Saint François Xavier marchant sur les eaux.

L'église des Jésuites de Kyoto
En 1614, le **shogun Ieyasu** fit expulser les missionnaires et tous les Portugais, pour contrer leur influence grandissante ; les chrétiens furent alors persécutés. Seuls les Hollandais furent autorisés à rester et à commercer, relégués sur une île à Nagasaki.

Un océan portugais

Le bois du Brésil
Cette carte de 1519 montre son importance sur ce continent. Les comptoirs exportaient sucre, tabac, coton et bois «brasil» pour sa teinture rouge.

Le développement du commerce rendit nécessaire la multiplication des comptoirs par les Portugais. Le roi Manuel Ier nomma Almeida vice-roi des Indes en 1505. Ce dernier élimina la concurrence des Arabes dans l'océan Indien. Albuquerque lui succéda en 1509, s'empara de Goa en 1510, et en fit sa capitale. Il prit également le port de Malacca, en 1511, relais vers le Japon et les Moluques, puis Ormuz, en 1515, et les fit fortifier. Ainsi, les Portugais contrôlaient-ils tout l'océan Indien.

Détournée par une violente tempête, la flotte de **Cabral** aborda les côtes du Brésil.

Le fort de Goa surveille la plage et la baie. Conquise en 1510 par **Albuquerque**, l'île de Goa, sur la côte occidentale de l'Inde, était administrée par **Lisbonne**. Elle était peuplée par des soldats, des marins et des artisans portugais qui épousaient des indiennes, dont les enfants métis, les **casados**, vivaient de l'économie locale. Vers 1540, ceux-ci étaient près de deux mille.

La puissante VOC
Sous ce sigle, on désigne en néerlandais la Compagnie réunie des Indes orientales (Vereenigde Oostindische Compagnie) créée en mars 1602 avec un capital important détenu par les grandes villes hollandaises. Elle était dirigée par un comité de 17 membres qui entreprit une politique agressive en Orient. Les navires de la VOC attaquèrent les Moluques en 1603-1604, arrivèrent au Japon en 1609 ; les efforts se concentrèrent sur l'archipel indonésien. En 1618, le siège de la compagnie fut installé à Batavia.

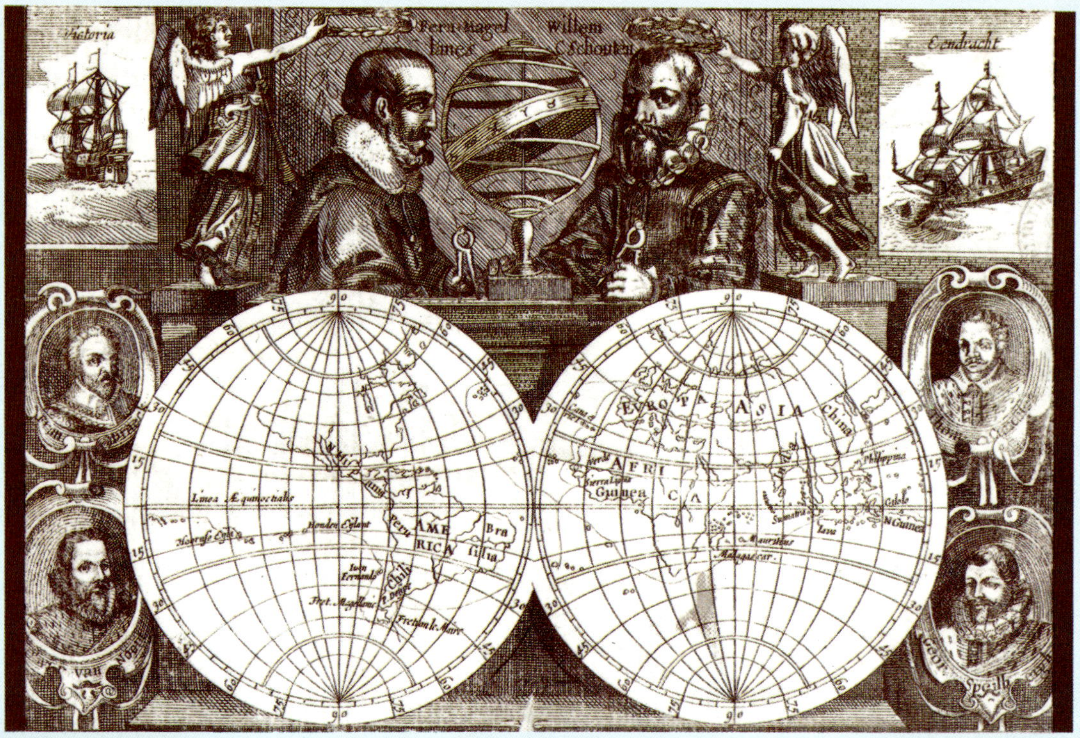

Le cap Horn
Jacob Lemaire et **Guillaume Schouten** (ci-contre), qui naviguaient à leur compte, cherchèrent une voie originale, pour ne pas emprunter une route contrôlée par la Compagnie des Indes. Ils trouvèrent un nouveau passage au sud de l'Amérique en 1615. Ils le baptisèrent **Horn**, du nom de l'un de leurs navires. Après avoir traversé le Pacifique, et ouvert la route du cap Horn, ils arrivèrent à **Java**, où le gouverneur local de la Compagnie refusa de les croire, leur confisqua navires et marchandises, avant de les renvoyer en Hollande.

Les Hollandais

Le 2 avril 1595, quatre navires armés par des marchands hollandais réunis dans la Compagnie des Pays lointains, appareillèrent d'Amsterdam. Quinze mois après, ils arrivèrent à Java, et commencèrent à s'attaquer à l'empire maritime des Portugais. Ceux-ci étaient devenus pour eux des ennemis depuis 1580, date de l'annexion du Portugal par l'Espagne. Les Provinces-Unies – protestantes –, libérées du joug espagnol depuis 1579, entreprirent une offensive commerciale et maritime contre l'immense Empire espagnol.

Contre les assauts des Anglais, une puissante forteresse fut construite en 1619 à Batavia, qui devint le port principal des flottes hollandaises. L'Indonésie resta hollandaise jusqu'en 1949.

Le Japon, de 1638 à 1854, ne commerça avec le reste du monde que par l'intermédiaire de navires de la VOC. Ci-dessus, un navire au large de Nagasaki, effectue son chargement.

Macassar, (ci-dessus) comptoir portugais dans l'île de **Célèbes**, est attaqué, le 8 juin 1660, par la flotte de guerre hollandaise. Les Hollandais luttèrent dix ans pour s'approprier l'île.

Masulipatam
Ce port sur la côte de **Coromandel**, en Inde, abritait trois comptoirs, signalés par leur pavillon respectif : français (A), anglais (B), et hollandais (C).

La découverte de l'Amérique

La Terre était bien ronde !
A l'époque du premier voyage de Christophe Colomb, la sphéricité de la Terre était généralement admise mais géographes et navigateurs n'étaient pas d'accord sur sa dimension. Les cartes représentaient l'Asie démesurément allongée vers l'est.

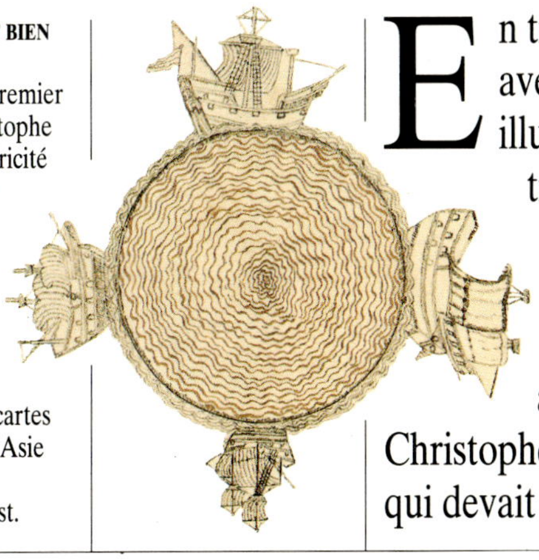

« En trente-trois jours, je suis arrivé aux Indes avec la flotte que me donnèrent mes illustres seigneurs, le roi et la reine. J'y ai trouvé de nombreuses îles dont j'ai pris possession au nom de leurs Altesses par proclamation et en faisant déployer l'étendard royal, et je n'ai rencontré aucune opposition.» C'est ainsi que Christophe Colomb résume son exploit maritime qui devait changer le cours de l'histoire.

L'Espagne des Rois Catholiques

En 1492 s'achève pour l'Espagne la longue période de lutte contre la domination musulmane. Envahie en 711, la péninsule Ibérique a reconquis son territoire de façon progressive. Cette Reconquête prend fin avec l'entrée triomphale des Rois Catholiques dans Grenade le 2 janvier 1492. L'Espagne est alors un royaume prospère, prestigieux et dynamique qui se tourne vers l'extérieur. Sous l'autorité de ses Rois, elle s'affirme comme une puissance mondiale.

Ferdinand d'Aragon (en rouge ci-dessus).

La géographie à la fin du XVe siecle
Les cartes étaient alors très hypothétiques. Le géographe italien **Paolo Toscanelli** pensait que 5 000 milles nautiques seulement séparaient l'Europe de l'Asie (la véritable distance est de 11 800 milles). Il faisait figurer sur sa carte, à mi-distance des côtes africaines et de **Cipango** (Japon), l'île imaginaire d'**Antilia**. Christophe Colomb devait avoir une image semblable du monde.

que le pape **Alexandre VI** confère à **Isabelle de Castille** (ci-contre) et à Ferdinand d'Aragon le titre de **Rois Catholiques**, en hommage à leur œuvre de propagation de la foi.

LES ROIS CATHOLIQUES C'est en 1494, après les premiers voyages de Christophe Colomb,

LES QUATRE VOYAGES DE CHRISTOPHE COLOMB

1er voyage : Parti de **Palos** le 3 août 1492, après une escale aux **Canaries**, Colomb arrive sur une île des **Bahamas** le 12 octobre. Il rentre par la route du nord. Assailli par une terrible tempête dans les parages des **Açores**, il parvient à Lisbonne le 4 mars 1493.

2e voyage : Fort de son succès, Colomb entreprend une deuxième expédition. Il part de **Cadix**, le 25 septembre 1493, avec dix-sept caravelles. De retour le 4 juin 1496, il a découvert la **Guadeloupe**, la **Jamaïque**, **Porto Rico** et les côtes méridionales de **Cuba**.

3e voyage : Le recrutement pour cette expédition est laborieux. Colomb part le 30 mai 1498 avec six caravelles. A l'embouchure de l'Orénoque, il se croit tout près du paradis terrestre.

4e voyage : Lors de son quatrième et dernier voyage, Colomb emmène son frère **Barthélemy** et son plus jeune fils **Fernand**, son futur biographe, alors âgé de 12 ans. Il part de **Cadix** le 3 avril 1502 avec trois caravelles. Il longe la côte du **Nicaragua**, du **Costa Rica** et du **Panamá** jusqu'à **Veragua** où il trouve de l'or.

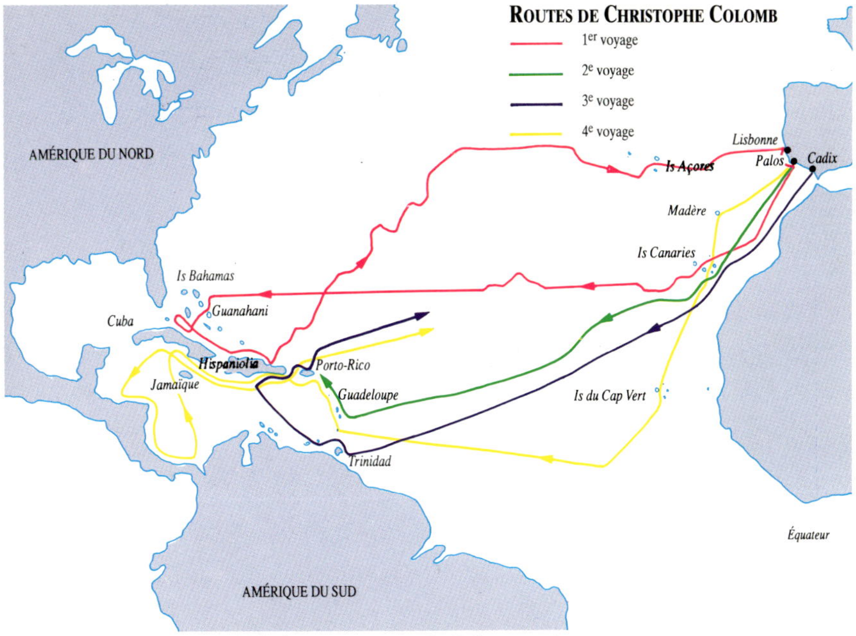

L'année 1492 (*annus mirabilis*), année des merveilles, a été fertile en événements importants. Tout d'abord, la fin de la Reconquête, à la fois guerre de libération et croisade. Après la prise de Grenade, les Rois Catholiques signent le décret d'expulsion des musulmans et des juifs qui refusent de se convertir au catholicisme.
En avril 1492, Isabelle de Castille, contre l'avis des experts, rappelle Christophe Colomb qui avait présenté son projet cinq ans plus tôt. Elle se laisse convaincre, lui accorde l'appui de la couronne et elle met à sa disposition les moyens nécessaires à l'entreprise. L'exaltation religieuse et le désir d'évangéliser des terres nouvelles entraient pour une part non négligeable dans cette décision. Mais il y avait aussi, bien sûr, la volonté d'acquérir des richesses commerciales et de trouver de l'or.

Selon les capitulations (contrat entre la Couronne et Colomb) signées à Santa Fe le 17 avril, Christophe Colomb reçoit le titre d'amiral, de vice-roi et gouverneur «des îles et terres qu'il découvrirait dans ce voyage». Il obtient aussi le droit de percevoir un dixième de l'or, des perles, des épices et autres denrées précieuses qui pourraient être trouvés. Pensant atteindre Cipango (le Japon) ou Cathay (la Chine), il est porteur d'une lettre destinée au grand khan et il emmène un interprète d'hébreu et d'arabe.

LES FRERES PINZON ET JUAN DE LA COSA Dans le port de **Palos** (province de Huelva), Colomb eut quelques difficultés pour trouver trois navires et un équipage suffisant. Il eut la chance d'être secondé dans son voyage par trois remarquables navigateurs : **Juan de la Cosa**, commandant et propriétaire de la Santa María ; **Martín Alonso Pinzón** (en haut), important armateur et commandant la Pinta qui avait pris pour pilote son frère **Francisco Martín** ; et enfin **Vicente Yáñez** (ci-dessus), frère des précédents, qui dirigeait la Niña.

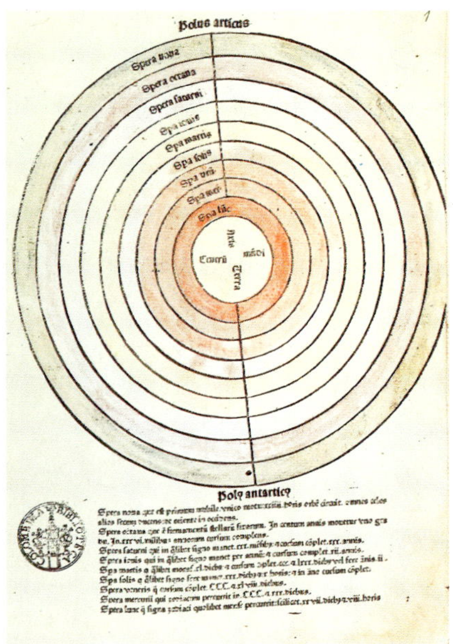

Christophe Colomb, avait bien étudié la navigation et la géographie comme le prouvent ce planisphère colorié de sa main et cette page de «L'Imago mundi», livre de géographie de 1410, annoté par Colomb. Cet ouvrage de l'érudit **Pierre d'Ailly** affirmait que l'Atlantique devait être une mer plutôt étroite.

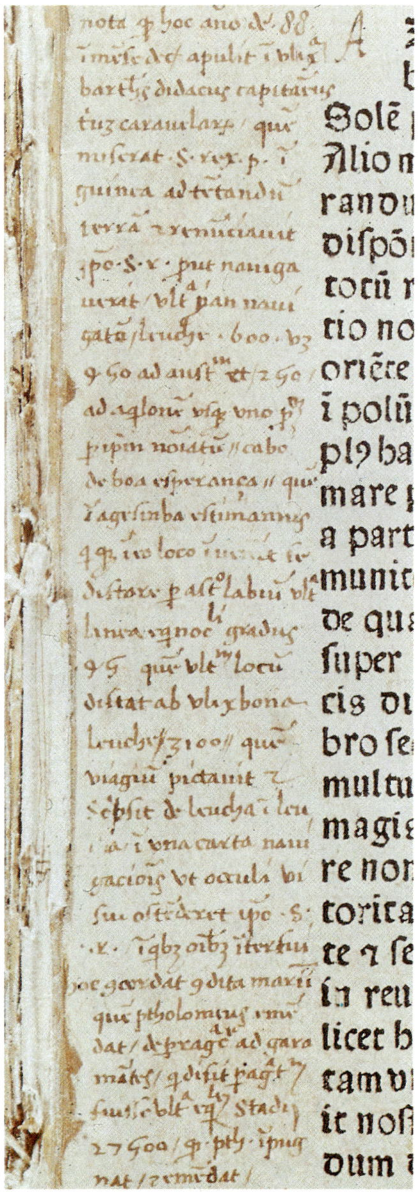

La Pinta, dessinée ci-dessous, était une **«caravela redonda»,** c'est-à-dire une caravelle gréée avec des voiles carrées, idéales pour le vent arrière ; elle conservait cependant une voile latine sur son mât d'artimon. Une caravelle pouvait être ainsi gréée facilement, en déplaçant le mât central à l'avant.

La Santa María

Christophe Colomb effectue sa première traversée sur la Santa María, une caraque ou nao, navire plus lent que les caravelles mais mieux adapté au transport des marchandises. Ce trois-mâts, long de 23 mètres et large de 8, jaugeait 150 tonneaux, et pouvait transporter de 40 à 50 marins. La Santa María, peu appréciée par Colomb qui la jugeait «médiocre pour la vitesse et inapte aux missions d'exploration» le long des côtes, se brisa contre un banc de corail près d'Hispaniola (Haïti) la nuit de Noël 1492. Ses débris servirent à construire le fort Navidad.

Terre ! Terre ! Le 12 octobre 1492, vers 2 heures du matin, **Rodrigo de Triana,** vigie de la Pinta, aperçut le rivage d'une île.

La flottille de Christophe Colomb De gauche à droite, la Niña, la Santa María et la Pinta. La Niña et la Pinta étaient des caravelles. La première, à voiles latines triangulaires, transportait vingt marins, la deuxième avait un équipage de vingt-cinq matelots. Ces deux navires étaient longs de 21 mètres et larges de 7. On peut visiter une reconstitution assez fidèle de la Santa María dans le port de **Barcelone**. C'est dans cette ville, où les Rois Catholiques avaient établi leur capitale, que Colomb fut reçu triomphalement après son premier voyage.

La construction navale Avec les progrès spectaculaires des explorations maritimes, la construction navale produisait des navires adaptés aux longues traversées : les caravelles. Mises au point au XVe siècle par **Henri le Navigateur**, prince du Portugal, elles étaient arrondies et trapues. Grâce à leur faible tirant d'eau, elles résistaient aux plus fortes tempêtes et leur forme leur permettait de se sortir facilement d'un échouage. Solides et maniables, elles étaient donc adaptées à tous les types de navigation et pouvaient affronter les longues traversées transocéaniques. Elles avaient un seul pont – le **tillac** – et un **gaillard d'arrière** – ou **château** – où se trouvait la cabine du capitaine. Aucun habitacle n'était prévu pour loger l'équipage qui dormait généralement sur le pont. Sur le **gaillard d'avant**, bas et étroit, ne se trouvaient probablement que des cordages et le coffre à voiles. On recouvrait les coques d'un mélange de poix et de suif dans l'espoir d'en écarter les **tarets** – des mollusques qui rongent le bois. Tous les bâtiments avaient en réserve de longues rames dont on se servait en cas de calme plat, la **«bonanza»**, ou pour lutter contre les courants.

La Pinta
1- Cabine du commandant
2- Gaillard d'arrière
3- Barre
4- Habitacle
5- Vivres
6- Foyer à charbon de bois
7- Pompes
8- Chaloupe
9- Réserve de bois
10- Cabestan
11- Ancres
12- Réserves d'eau

En voyage vers l'inconnu

Dans le port de Palos, le vendredi 3 août 1492, un quart d'heure avant le lever du soleil, la Pinta, la Niña et la Santa María mirent à la voile.

«Ces gens ne sont d'aucune secte ni idolâtres, mais très doux et ignorants de ce que c'est que le mal. [...] Ils sont crédules. Ils savent qu'il y a un Dieu dans le ciel et restent persuadés que nous sommes venus de là» (Colomb, «Journal de bord»).

Les premiers contacts avec les populations indigènes des îles furent joyeux et chaleureux.

Pecheurs de perles
Lors de son troisième voyage, Colomb aborda sur le continent sans en avoir conscience. Il fut émerveillé par les énormes perles dont se paraient les femmes de l'île **Cubagua**. Des Indiens qui plongeaient de leurs pirogues rapportaient de grandes quantités d'huîtres perlières qu'ils échangeaient volontiers contre de la verroterie.

Les vaisseaux atteignirent la Grande Canarie en six jours. Après un bref séjour à Gomera, le 6 septembre, Colomb et ses compagnons quittaient l'Ancien Monde pour s'engager dans l'inconnu. Ignorant la durée de la traversée, l'amiral décida de noter «un trajet plus court que celui qu'il accomplissait en réalité afin que, si le voyage se prolongeait, les gens ne fussent ni effrayés ni découragés». Entraînées par les alizés, les caravelles voguaient sans difficulté. Le 16 septembre, les hommes d'équipage aperçurent de «nombreux paquets d'herbes très vertes». La flotte pénétrait dans la mer des Sargasses. Les vents tombèrent, la flotte avançait lentement, les jours passaient et l'inquiétude gagnait. Les hommes, craignant de ne pouvoir revenir en Espagne, étaient au bord de la mutinerie. Le 11 octobre, les vents forcirent enfin et sur la mer flottaient des branches qui annonçaient la proximité de la terre.

La nuit, personne ne dormit, tous tentaient de percer l'obscurité. Colomb crut apercevoir une lueur. Le 12 octobre, à 2 heures du matin, Rodrigo de Triana, vigie de la Pinta cria : «Tierra, tierra...» en voyant l'île corallienne de Guanahani (aujourd'hui Watling) dans l'archipel des Bahamas, baptisée San Salvador (Saint-Sauveur) par Christophe Colomb.

Les cannibales
Lors de son second voyage, Colomb avait pu voir les reliefs de festins des **Canibas**, mais il n'avait pas observé les scènes d'anthropophagie rituelle qui seront fréquemment représentées dans l'Europe du XVIe siècle pour évoquer le Nouveau Monde. **Amerigo Vespucci** est le premier à fournir des détails. A côté du «doux sauvage», le cannibale inquiétant fait son apparition : «Je suis resté vingt-sept jours dans un village où j'ai vu dans les maisons la viande humaine salée et suspendue aux poutres... Nous avons essayé de les persuader d'abandonner ces coutumes perverses» (1503).

La «lettre à Santangel», résumé du premier voyage de Colomb, fut traduite en plusieurs langues et largement diffusée en Europe au XVIe siècle.

Le plus ancien «vrai portrait» d'Indien, dessiné en Europe par **Weiditz**.

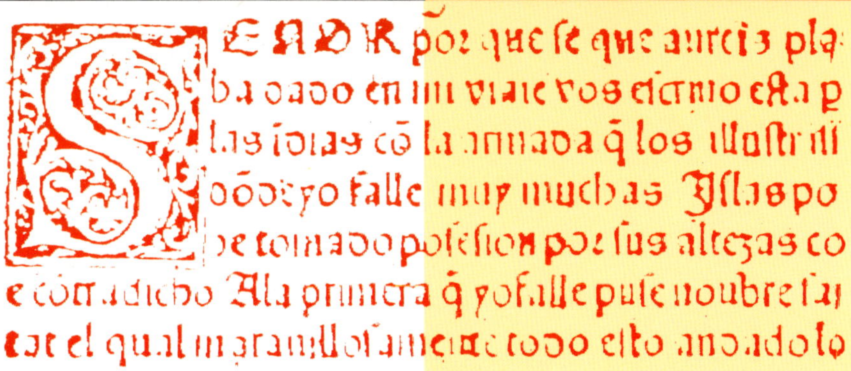
Señor por que se que aureis pla
ba dado en mi viaje vos escrivo esta p
las indias co la armada q los illustri
dode yo falle muy muchas Islas po
de tomado posesion por sus altezas co
e com dicho Ala primera q yo falle puse noubre sal
cacel qual in grandosamente todo esto andado lo

La rencontre de deux groupes humains, qui s'étaient de tout temps ignorés, se déroula sur une magnifique plage de corail des Bahamas. Les premiers contacts furent amicaux et joyeux. Dans son journal de bord, Christophe Colomb nota ses premières impressions. Elles révèlent sa surprise et son émerveillement, mais Colomb n'oubliait pas ses intentions évangélisatrices et coloniales : «Je m'efforçai de gagner leur amitié, car je me rendis compte que c'étaient des gens qui se livreraient et se convertiraient à notre sainte Foi par l'amour plutôt que par la force. J'ai donné à quelques-uns d'entre eux des bonnets rouges et quelques colliers de verre qu'ils mettaient à leur cou, ainsi que de la pacotille, ce qui leur fit grand plaisir et ils en devinrent si nôtres que c'était merveille. Ils venaient ensuite en nageant aux chaloupes des navires dans lesquelles nous étions, et ils nous apportaient des perroquets, du fil de coton en pelotes, des sagaies et beaucoup d'autres choses qu'ils échangeaient contre d'autres que nous leur donnions, telles que perles de verre et grelots [...]. Ils doivent être de bons serviteurs et de bon caractère. Je m'aperçus qu'ils répétaient promptement tout ce qu'on leur disait et je crois qu'on pourrait facilement en faire des chrétiens, car il m'a paru qu'ils n'étaient d'aucune secte.» Colomb, qui cherchait à la fois le royaume du grand khan et le paradis terrestre, fut frappé par la beauté des indigènes : «Ils vont nus tels que leur mère les a enfantés, et les femmes aussi. Tous les hommes que j'ai vus étaient jeunes, aucun n'avait plus de 30 ans. Ils étaient tous très bien faits, très beaux de corps et très avenants de visage...»

De «beaux sauvages» Croyant aborder les îles dont parlait **Marco Polo**, Colomb s'attendait à rencontrer des sujets du **grand khan**, ou des habitants de **Cipango**. Il fut surpris par les indigènes : «Ils sont de moyenne stature, fort bien proportionnés. Leurs chairs sont d'une couleur qui penche vers le rouge comme la peau du lion, et je crois que s'ils allaient vêtus, il seraient blancs comme nous. Ils n'ont pas de poils sur le corps, sauf qu'ils ont des cheveux longs et noirs, surtout les femmes, ce qui les rend jolies...» **Amerigo Vespucci** fut séduit par la vie simple et naturelle des Indiens qu'il rencontra : «Leurs richesses sont des plumes d'oiseaux de diverses couleurs ou des chapelets qu'ils font avec des os de poissons ou des pierres blanches ou vertes qu'ils mettent aux joues et aux oreilles et de beaucoup d'autres choses que, nous, nous n'estimerions en rien. Ils n'ont pas l'usage du commerce [...]. En conclusion, ils vivent et se contentent de ce que leur donne la nature.» Ces deux Indiens (ci-dessus) sont le fruit de l'imagination d'un Hollandais du XVIIe siècle.

Une rencontre historique
Le premier contact entre les Européens et les «sauvages», événement fondateur des Temps modernes, fut très souvent dessiné. La plus célèbre image est celle qu'a réalisée **Théodore de Bry** à Francfort, cent ans après, en 1592. Dans un paysage idéal, Des matelots érigent une croix, symbole de la mission évangélisatrice. La plus ancienne image de cette rencontre (en bas) illustre la traduction latine de la «lettre à Santangel» (1493)... Il s'agit plus d'une évocation que d'une description. Les Indiens sont

Christophe Colomb en position de conquérant reçoit l'hommage des «doux sauvages» sous la forme d'objets et de bijoux en or (ce qui est historiquement inexact...). représentés nus. Certains ont une attitude fuyante, d'autres échangent des présents. Cette gravure sur bois rudimentaire servira de modèle aux représentations ultérieures.

Des plantes et des animaux inconnus
Dans les récits de ses voyages, Colomb ne se lasse pas de décrire la flore et la faune des tropiques qui s'offraient pour la première fois au regard d'un Européen.

Il y avait les palmiers, aux multiples variétés, «les fruits différents et tous si parfumés que c'est merveille» : mangues, ananas, mameys…
Mais, écrivait-il encore, «je suis le plus chagrin du monde de ne pas les connaître parce que je suis certain qu'ils ont tous grande valeur». Il vit de nombreuses espèces : iguanes, alligators, lamantins, poissons volants, frégates, oiseaux-mouches, fous des tropiques, flamants roses de Cuba et perroquets, oiseaux rutilants et dociles dont Colomb chargeait ses navires.

Un parfum de paradis
Christophe Colomb, puis **Amerigo Vespucci**, enchantés par le climat et le milieu naturel, crurent avoir abordé en des régions proches de l'**Eden**. Vespucci se plaisait à écrire : «L'île avait quantité d'eaux vives et douces et une infinité d'arbres. […] Parfois, j'étais si émerveillé par l'odeur si douce des herbes et des fleurs et par la saveur des fruits et des racines, qu'à part moi je pensais que je me trouvais près du paradis terrestre.»

Le paradis terrestre

Les premiers voyageurs européens, d'origine méditerranéenne, furent émerveillés par la végétation tropicale. Colomb était transporté de plaisir : «Ces îles sont très belles, de contours variés, recouvertes de mille arbres majestueux qui paraissent toucher le ciel... Le chant des oiseaux est tel qu'on voudrait ne jamais quitter cet endroit. Les bandes de perroquets obscurcissent le soleil. Il y a des arbres de mille sortes tous avec leurs fruits…»

Tina Mercié

L'amiral de la mer Océane

Christophe Colomb est la figure la plus célèbre de l'histoire des découvertes, pourtant il reste mystérieux, et bien des traits de sa personnalité sont méconnus. Sans doute était-il fils de tisserand et non descendant d'amiraux comme il le prétendait. Il est à peu près certain qu'il est né à Gênes. Certains historiens pensent qu'il était d'origine juive, d'autres font de lui un Catalan, un Galicien, un Portugais, un Corse, un Grec… Dans sa jeunesse, il accomplit plusieurs voyages, en Méditerranée, en Angleterre, en Guinée, à Madère et peut-être en Islande. Il avait le goût de l'aventure. Peu à peu il conçut le projet d'atteindre les Indes par la route de l'ouest.

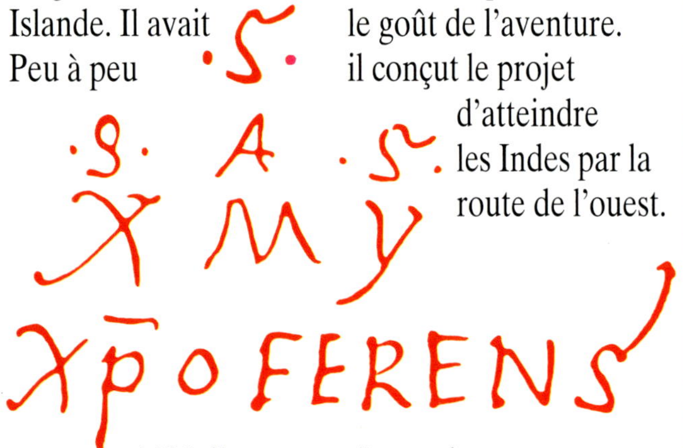

En 1483, il propose d'organiser une expédition pour le compte de Jean II, roi de Portugal, mais les Portugais sont bien engagés dans la route de l'est tracée par Bartolomeu Dias et ils refusent la proposition du Génois. Colomb n'abandonne pas. Il va en Andalousie avec son fils Diego, puis à Alcalá de Henares où il rencontre les Rois Catholiques pour la première fois. Ce n'est que plusieurs années plus tard qu'il obtiendra leur accord. Il avait gagné à sa cause le duc de Medinaceli et Juan Perez, supérieur du couvent de La Rábida, mais c'est surtout grâce à la protection de Luis de Santangel, trésorier de la maison du roi, et à celle toute particulière de la reine Isabelle qu'il partit pour l'inconnu et la gloire.

Un homme aux multiples visages
Bien que l'on conserve de nombreux portraits du grand navigateur, aucun n'a été peint de son vivant. Son fils, **Fernand Colomb**, en a fait la description suivante : «Un bel homme, d'une taille supérieure à la moyenne, avec un visage allongé et des pommettes assez saillantes. Ni trop gros ni trop mince, il avait un nez aquilin, les yeux clairs et le teint coloré.» **Bartolomé de Las Casas** avait ajouté que ses cheveux étaient roux et que son visage était couvert de taches de rousseur.

Colomb croyait en la prophétie de **Sénèque** dans **«Médée»** : «Un jour viendra, au cours des siècles, où l'océan élargira la ceinture du globe pour découvrir à l'homme une terre immense et inconnue.»

Colomb enchaîné
Barthélemy, frère de Christophe Colomb et gouverneur d'**Hispaniola** (Haïti), n'avait pu empêcher la rébellion des colons déçus dans leur espoir d'enrichissement rapide. En août 1500, un enquêteur, **Bobadilla**, fit mettre aux fers Christophe et Barthélemy. Arrivés à Séville, ils furent aussitôt libérés sur ordre royal. Colomb restait «amiral de la mer Océane», mais il n'était plus vice-roi.

Colomb conquistador
L'image que l'on garde de Christophe Colomb est celle du découvreur du Nouveau Monde. Il fut aussi le premier «conquistador» et le premier administrateur colonial des Indes occidentales. Il se comporta alors souvent en chef de guerre, n'hésitant pas à faire exécuter les soldats coupables de sédition ou de crimes.

L'ŒUF DE COLOMB A la table d'un grand d'Espagne, on contestait à Colomb le mérite de sa découverte : «Il suffisait d'y penser», disait-on. Le Génois aurait alors demandé à ses commensaux de faire tenir debout un œuf. Aucun n'y parvint. Colomb réussit après avoir légèrement frappé l'œuf sur son assiette. «Ce n'est pas difficile, il suffisait d'y penser !», leur lança-t-il.

CETTE ALLÉGORIE (ci-contre) est la page de titre de la quatrième partie des «Grands Voyages» publiés par Théodore de Bry, à la fin du XVIe siècle. Des Indiens **Taïnos** dansent autour du titre et rendent un culte païen à une divinité effrayante, figurée par le diable. Dans ce Nouveau Monde en proie au Malin pénètrent les trois navires conquérants.

LA MORT DE COLOMB Après son quatrième voyage, Colomb est amer et déçu dans ses ambitions : «Je crois que continuer à se battre serait comme fouetter le vent», écrit-il. Il meurt à **Valladolid** le 19 mai 1506. Le Roi donne à son fils Diego le titre d'Amiral et le nomme gouverneur d'Hispaniola.

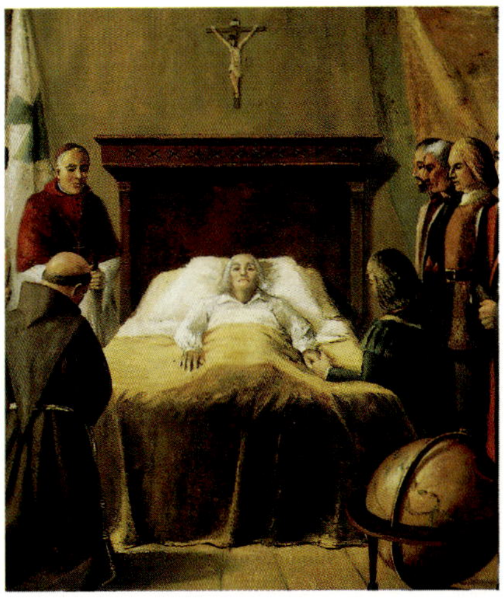

La colonisation

Les bons rapports entre les colonisateurs et les groupes indigènes des Antilles furent de courte durée. Lors de son second voyage, Colomb constata la disparition des hommes qu'il avait laissés au fort Navidad (Haïti). Ils avaient été massacrés par les Indiens, en représailles d'exactions qu'ils avaient commises.

A la suite d'engagements armés entre indigènes et chrétiens, beaucoup d'Indiens furent réduits en esclavage et Colomb embarqua pour l'Espagne un grand nombre d'esclaves. Leur arrivée à Séville ternit quelque peu l'image de Colomb auprès d'Isabelle de Castille qui s'écria : «Qui a autorisé mon Amiral à disposer ainsi de mes sujets ?» Les Indiens, heureux du premier voyage, étaient tombés dans un état misérable depuis l'arrivée des Européens. Ils constituaient une main-d'œuvre gratuite et ne résistaient pas aux durs travaux des plantations et des mines qui leur étaient imposés. La population fut décimée par l'épuisement et par la maladie. Aussi les colons organisèrent-ils des razzias dans les îles voisines, ce qui indigna le dominicain Antonio Montesinos qui leur demanda : «Quelle justice vous autorise à réduire les Indiens à une si affreuse servitude ?» Victimes du désir d'enrichissement des colons des Antilles et de leur cruauté, les Indiens trouvèrent en Bartolomé de Las Casas un ardent défenseur qui dénonça les abus qu'ils subissaient. Mais l'emprise coloniale se faisait plus forte. Bientôt le puissant Empire aztèque allait succomber face aux conquérants conduits par Hernán Cortés.

Les géants
Les navigateurs croyaient qu'ils allaient rencontrer des êtres différents dans les nouvelles terres. L'idée que dans les régions proches des pôles les hommes étaient plus grands a été en partie confirmée. Pour **Vespucci**, ces hommes grands sont géants : «Ils portaient des arcs très grands, de grands bâtons à grosses têtes… J'appelle cette île l'île des géants à cause de leur grande taille.» Mais c'est **Pigafetta**, chroniqueur vénitien de **Magellan**, qui a fait la rencontre la plus fantastique sur les côtes de **Patagonie** : «Quand ce géant fut devant nous, il commença à s'étonner et à avoir peur. Il levait un doigt vers le haut croyant que nous venions du ciel. Il était si grand que le plus grand de nous ne lui venait qu'à la ceinture.»

Le fabuleux métal
La quête des richesses, et en particulier de l'or, a été l'un des moteurs principaux des découvertes. Le mot «or» est cité plus de cent fois dans le journal de bord de Colomb qui avait été déçu de n'avoir aperçu que quelques ornements de nez et d'oreilles chez les **Taïnos**. Il en trouvera en plus grande quantité dans la région qu'il appelle **Veragua**. En effet, les Indiens de l'actuel **Panamá** et du **Costa Rica** étaient parés de magnifiques bijoux d'or. La plupart de ces œuvres d'art furent malheureusement fondues pour alimenter le budget royal.

Les Tainos
Les «Indiens» des **Bahamas**, de **Cuba**, d'**Haïti**, de la **Jamaïque**… appartenaient au groupe culturel **taïno**, qui se rattache au groupe linguistique **arawak**. Les Taïnos savaient cultiver les céréales, les ignames, faire du pain de **cassave**, tisser le coton… Ils confectionnaient de belles poteries élégamment décorées : bols, vases en forme de navire. Ils sculptaient la pierre, fabriquaient des outils et des parures d'écailles.

Les Taïnos ne disposaient que d'une arme de défense assez rudimentaire, une sorte de javelot terminé par une dent de poisson. Ils étaient donc très vulnérables lorsque s'abattaient sur eux les redoutables **Caraïbes**.

Un bestiaire fabuleux
Le Moyen Age avait entretenu les croyances les plus fantastiques de la tradition mythologique gréco-latine : hommes sans tête (**acéphales**) ou à tête de chien (**cynocéphales**), **cyclopes** (êtres avec un seul œil), hommes n'ayant qu'une seule jambe et un pied énorme pour se protéger du soleil (**sciapodes**), etc.

Ces créatures, mi-hommes, mi-animaux, peuplaient l'imaginaire des navigateurs. Ils pensaient les rencontrer aux confins du monde connu. Et c'est dans le **Nouveau Monde** que réapparurent les **Amazones**, les géants et les sirènes.

C'est sur cette carte de **Waldseemüller** (1507) qu'apparut le nom **America** pour désigner le continent sud.

America

Le navigateur florentin Amerigo Vespucci s'établit en 1491 à Séville où il se lie d'amitié avec Christophe Colomb. Il navigue pour le compte de l'Espagne, et ensuite du Portugal, avec Ojeda entre 1499 et 1500 ; en 1502, il reconnaît sans doute les côtes du Brésil jusqu'au Río de la Plata. Sa célébrité vient du choix de son prénom (Aymeric, en français) pour baptiser le nouveau continent.
Dans la «Cosmographiæ Introductio» de Martin Waldseemüller, édité en 1507 à Saint-Dié dans les Vosges, il est écrit : «Une quatrième partie du monde a été découverte par Amerigo Vespucci... et comme l'Europe et l'Asie ont reçu des noms de femmes, je ne vois aucune raison pour ne pas appeler cette partie Amérige, c'est-à-dire terre d'Amerigo, ou America d'après l'homme sagace qui l'a découverte.» En fait, les îles explorées par Colomb, puis le continent tout entier, se sont longtemps appelées Indes occidentales ou *Mondus novus*. Le nom d'Amérique s'est ensuite peu à peu imposé chez les géographes, puis dans le public.

La déception de Colomb
Colomb avait lu attentivement et annoté «l'Histoire naturelle» de **Pline**, «Les Voyages fantastiques» de **John de Mandeville** et le «Devisement du monde» de **Marco Polo**. Aussi n'est-il pas surprenant qu'il ait cru voir des sirènes dans la mer des **Antilles**. Cependant, il fait preuve d'une grande honnêteté en déclarant, avec un peu de déception, dans son journal :

«Jusqu'à présent, je n'ai pas rencontré dans ces îles des hommes monstrueux, malgré ce qu'en pensent de nombreuses personnes.»

Fernand de Magellan (en portugais «Magalhães») est né à **Porto** en 1480. Enthousiasmé par la navigation et les voyages d'exploration, il étudia les cartes et journaux de bord des expéditions antérieures. Soldat pendant sept ans, il se montra courageux et intrépide, notamment à **Malacca** (1509) et à **Cochin**. Comme Christophe Colomb, Magellan avait un projet audacieux et il employa toute son énergie à le faire aboutir. L'examen du traité de **Tordesillas** (1494) l'avait convaincu que les **Moluques** – les îles aux épices si convoitées –, appartenaient à la couronne de Castille. En désaccord avec le Portugal, qui lui avait refusé des bateaux, il proposa à **Charles Ier** d'Espagne, le futur empereur **Charles Quint**, de mettre à exécution son projet : établir par la route du sud-ouest une communication avec ces îles lointaines. Il fut convaincant.

L'île des voleurs
La flotte de Magellan jeta l'ancre le 6 mars 1521 devant l'île de **Guam** (en haut) dans l'archipel des **Mariannes**. Pigafetta raconte : «Les habitants montèrent à bord des navires et nous volèrent sans que nous puissions nous protéger.» Ces voleurs (ladrones) «portent de longs cheveux noirs qui leur tombent jusqu'à la taille et ils vont nus».

Le détroit de Magellan
Le voyage de Magellan comportait plusieurs incertitudes : la traversée d'un océan inconnu – baptisé **Pacifique** par le navigateur portugais –, et surtout l'existence d'un passage dans les régions méridionales du continent. La découverte du détroit était impérative. Le chroniqueur **Antonio Pigafetta** écrit : «Après avoir navigué et atteint le 52° du ciel antarctique, le jour de la fête des Onze Mille Vierges nous trouvâmes par miracle un détroit... Si nous n'eussions trouvé ce détroit, le Capitaine avait délibéré d'aller jusqu'au 75° du pôle antarctique.» Malgré le paysage rude et désolé et le froid, Pigafetta, tout à la joie de la découverte, conclut : «Je crois qu'il n'y a pas au monde de plus beau pays et de meilleur détroit que celui-là.»

Magellan

Le 10 août 1519, Magellan lève l'ancre à Séville. Il se trouve à bord de la Trinidad. La flotte comporte quatre autres navires : le Santiago, le San Antonio, la Concepcíon et la Victoria. Vents contraires, tempêtes et ressentiments de certains marins espagnols rendent la traversée de l'Atlantique Sud mouvementée. Il faut y ajouter la rencontre avec les «géants patagons» et le naufrage du Santiago. Enfin, le 21 octobre 1520, la flotte pénètre dans le détroit tant espéré. Le San Antonio déserte mais, le 28 novembre, la mer Pacifique s'ouvre devant le navigateur portugais.

Le premier tour du monde
Le cosmographe **Baptiste Agnese** dessina en 1543 la route suivie par l'expédition de **Magellan** et d'**Elcano** qui fut le premier tour du monde. Le tracé en brun clair représente la route du **Pérou**, par l'isthme de **Panamá**. Cette mappemonde permet de se rendre compte de l'étendue des connaissances géographiques en Europe à cette époque.

Plus vaste que prévu (il le supposait à peine plus large que la Méditerranée !), l'Océan verra naviguer les trois navires pendant trois mois et vingt jours sans qu'ils puissent embarquer ni vivres ni boissons. Ils parviennent enfin aux îles Mariannes, puis aux Philippines, à Cebu. Magellan, pris dans le jeu des alliances avec les peuples rencontrés, s'engage dans un combat sur l'île de Mactan où il est tué. La Concepcíon est brûlée par manque d'équipage. La Trinidad reste aux Moluques pour réparations. La Victoria, commandée par Elcano reviendra seule en Espagne par le cap de Bonne-Espérance, le 6 septembre 1522, avec dix-huit survivants.

L'un des premiers dessins représentant des indigènes des mers du Sud (Pacifique) réalisés au XVIIe siècle.

Juan Sebastian Elcano
C'est à ce marin basque (ci-dessous) que revient la gloire d'avoir fait le premier tour du monde. Il était né à Guetaria (Guipúzcoa) vers 1476 et il naviguait depuis son plus jeune âge. Après son exploit, il fut reçu à Valladolid par Charles Quint. Sur son écu d'armes allait figurer un globe terrestre avec l'inscription : *Tu primus circumdedisti me*, «Tu fus le premier à naviguer autour de moi».

Le chroniqueur du premier tour du monde, Antonio Pigafetta, écrivit : «Personne, à mon avis, n'entreprendra jamais plus un tel voyage !»

La gloire de Magellan
Cette composition allégorique résume le voyage extraordinaire de Magellan. Le navigateur est représenté sur le pont de son navire, la **Trinidad**, seul, revêtu d'une armure à la façon des héros antiques. Sur la droite de la gravure est représentée la **Terre de Feu**. Le détroit est peuplé d'êtres mythiques tels que des **sirènes** et des **tritons** et l'**oiseau Roc**, fabuleux volatile capable d'emporter un éléphant dans ses serres. Mais le dieu au visage rayonnant qui domine dans cette composition, c'est bien sûr Apollon qui, sur son char solaire, fait le tour de la Terre comme allait le faire **Elcano**. Ainsi entouré, Magellan fait figure de demi-dieu des Temps modernes.

L'Espagnol **Vasco Núñez de Balboa** traversa les forêts de l'isthme de **Panamá** et atteignit le premier les mers du Sud (Pacifique) le 29 septembre 1513.

Ponce de Leon (ci-dessus)(1460-1521), conquistador espagnol, participa à la conquête de **Saint-Domingue** (1502) et colonisa **Porto Rico**. Enfin, en 1513, il débarqua en **Floride**.

Juan de la Cosa (ci-contre) (1449-1510), navigateur et conquistador espagnol, était le propriétaire de la Santa María. Il fut des deux premiers voyages de Christophe Colomb. Plus tard, il participa, comme pilote, à l'expédition d'Ojeda au Venezuela (1499-1500). Il explora ensuite les terres nouvellement découvertes (1501-1509) et fut tué dans un combat avec des Indiens.

Le partage du monde
En mai 1493, juste après les premières découvertes de Christophe Colomb, le pape **Alexandre VI** publie la bulle **«Inter cœtera»** qui partageait le monde entre l'Espagne et le Portugal. Elle réservait aux Rois Catholiques le droit d'acquérir les îles et territoires situés au-delà d'un ligne imaginaire tracée à 100 lieues à l'ouest des Açores et du Cap-Vert. Le 7 juin 1494, le **traité de Tordesillas** devait reporter la ligne de démarcation à 370 lieues, ce qui valut au Portugal la possession du Brésil.

Amerigo Vespucci (1454-1512) cosmographe florentin qui donna son nom au nouveau continent.

Les découvreurs

Dès lors que Christophe Colomb fut privé de son monopole de navigation vers le Nouveau Monde (1502), les expéditions se multiplièrent. Alonso de Ojeda, compagnon de Colomb, partit de Séville en 1499, aborda aux côtes de Guyane, et gagna le Venezuela (petite Venise) – ainsi nommé à cause des habitations lacustres de Maracaibo. La même année, Pedro Alonso Niño abordait à l'île Margarita, et Vicente Yáñez Pinzón parvenait aux bouches des fleuves Amazone et Orénoque. Pedro Alvares Cabral prit possession du Brésil au nom de la couronne de Portugal en mars 1500. Sébastien Cabot explora les côtes septentrionales et en 1513, Vasco Núñez de Balboa traversa l'isthme de Panamá et découvrit la «mer du Sud». Les navigateurs comprirent qu'ils se trouvaient face à un continent, placé entre l'Europe et l'Asie. Magellan entreprit alors son voyage autour du monde, à la recherche d'un passage maritime au sud de ce continent pour atteindre les Indes.

Chronologie
1492 :
2 janvier : prise de Grenade par les Rois Catholiques.
3 août : départ des trois navires dans le port de Palos sous le commandement de Christophe Colomb.
1er septembre-12 octobre : traversée de l'Atlantique de l'île de **Gomera** jusqu'à **Guanahani**.
1493 : deuxième voyage de Christophe Colomb.
1494 : traité de Tordesillas.
1497 : voyage de **Jean Cabot** sur les côtes du **Labrador**.
1498 : troisième voyage de Christophe Colomb. **Vasco de Gama**, en doublant le cap de **Bonne-Espérance**, atteint les **Indes**.
1499 : explorations de **Alonso de Ojeda**, d'Amerigo Vespucci et de **Juan de la Cosa** sur les côtes du **Venezuela**.
1500 : Alvares Cabral aborde aux côtes du **Brésil**, Vicente Yáñez Pinzón à l'embouchure de l'**Amazone**, **Bastidas** et **Juan de la Cosa** à l'embouchure du **río Magdalena** (Colombie).
1501-1502 : voyage de Vespucci le long des côtes méridionales jusqu'au 50°.
1501-1503 : quatrième et dernier voyage de Colomb (Panamá).
1508 : voyage de **Sébastien Cabot** dans la baie d'**Hudson**.
1513 : Vasco Núñez de Balboa découvre la **«mer du Sud»** (océan Pacifique).
Ponce de León aborde à un rivage qu'il nomme **Floride**.
1516 : Juan de Solís trouve la mort dans le **Río de la Plata**.
1517 : Hernández de Córdoba contourne le **Yucatán** (Mexique).
1518 : Juan de Grijalva sur les côtes du **Yucatán**.
1519 : Hernán Cortés fonde **Vera Cruz** et atteint **Tenochtitlán** (Mexico).
1519-1522 : voyage de circumnavigation de Fernand de Magellan, achevé par Juan Sebastián Elcano.

Sébastien Cabot
Ce navigateur d'origine italienne explora les côtes nordiques de l'Amérique (1508), jusqu'à la baie appelée aujourd'hui Hudson.

L'âge d'or ottoman

La masse d'armes, arme du cavalier, est ici un objet d'apparat recouvert d'or, incrusté de rubis et de turquoises.

Soliman le Magnifique est le plus remarquable de tous les souverains ottomans. Pendant son très long règne (1520-1566) il porte l'empire à ses limites les plus extrêmes, en Europe, en Asie et en Afrique. Il impressionne l'Europe et rivalise de prestige avec les princes de la Renaissance. Le monde occidental le surnomme «le Magnifique» mais, pour ses sujets, il est «le Législateur».

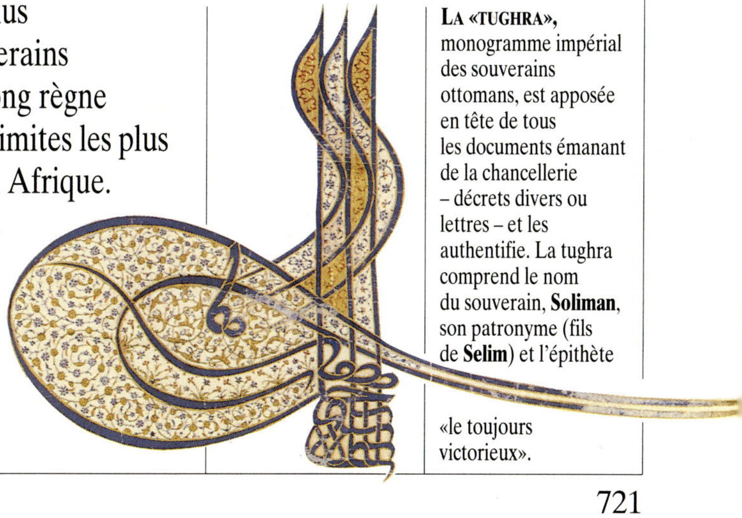

La «tughra», monogramme impérial des souverains ottomans, est apposée en tête de tous les documents émanant de la chancellerie – décrets divers ou lettres – et les authentifie. La tughra comprend le nom du souverain, **Soliman**, son patronyme (fils de **Selim**) et l'épithète «le toujours victorieux».

La naissance de l'Empire ottoman

Les débuts de l'Etat ottoman sont obscurs. Les Turcs seldjoukides pénètrent en Anatolie à la fin du XIe siècle et, au cours des deux siècles suivants, ils repoussent les Byzantins vers l'ouest du pays. Ertoghrul, le père de Osman qui donne son nom à la dynastie ottomane, serait arrivé du Turkestan au XIIIe siècle. Chargé de la garde des frontières, il installe au sud-est de Brousse ses quatre cents tentes. A la fin du XIIIe siècle, le pouvoir des Seldjoukides s'effrite. Les Ottomans et les autres tribus turques, qui campent aux frontières, prennent leur autonomie. Osman succède à son père. C'est un «ghazi», un combattant de la foi animé de l'esprit du «djihad», la guerre sainte. Il agrandit son territoire au détriment de ses voisins, chrétiens ou musulmans. Ses actions guerrières l'auréolent de prestige, et des Turcs de différentes tribus se joignent à lui. A sa mort, en 1324, le petit Etat ottoman sort de l'ombre.

Mehmed II le Conquérant
D'un physique impressionnant, autoritaire et volontaire, Mehmed II est un bâtisseur d'empire. Quand il accède au pouvoir il ne manque aux Ottomans qu'un dernier maillon entre l'Europe et l'Asie pour s'approprier l'héritage byzantin. Il s'empare de **Constantinople** et devient un héros légendaire, le Conquérant. Il pénètre à cheval dans la cité conquise et fait dire la prière à la basilique **Sainte-Sophie** transformée en mosquée. Le pillage a commencé. Il l'arrête avant la fin des trois jours accordés par la loi aux soldats et entreprend aussitôt de reconstruire la ville pour en faire sa capitale, **Istanbul**. Afin de la repeupler et de faire revivre l'économie, il y installe des prisonniers affranchis, des commerçants et des artisans venus de **Brousse**. Il fait aussi venir des artistes de différents pays, dont l'Italien **Gentile Bellini** qui peint son portrait.

La prise de Constantinople
Constantinople, à l'entrée du **Bosphore**, a au XVe siècle la forme d'un triangle, la base seule tournée vers les terres. La mer de **Marmara** borde le flanc sud ; l'autre côté est protégé par la **Corne d'Or**, un étroit goulet dans lequel s'abrite le port. En face, c'est **Galata**, le quartier génois. De hautes murailles entourent la ville, une puissante chaîne barre la Corne d'Or fermant ainsi l'accès du port. Mehmed II commence le siège de la ville le 2 avril 1453. Il masse ses troupes et ses canons d'une taille inouïe du côté des fortifications terrestres. Mais ses offensives sont repoussées, l'accès à la Corne d'Or demeure fermé. Il change alors de tactique. Il fait passer ses vaisseaux du Bosphore à la Corne d'Or en les tirant sur la terre ferme. Puis il fait construire un pont de bateaux pour le passage des troupes. Investie de tous côtés, Constantinople tombe le 29 mai 1453.

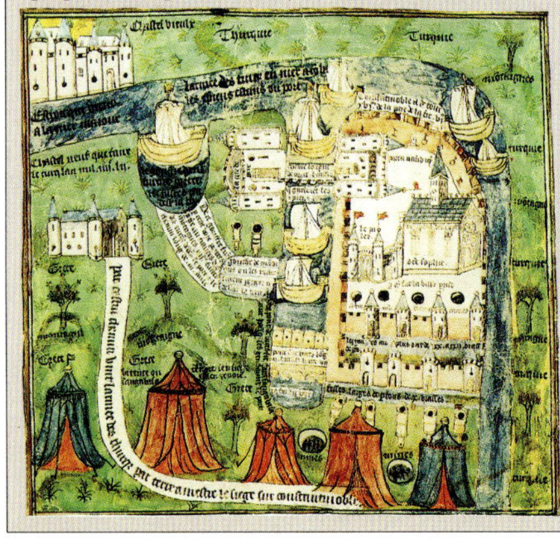

Le siege de Rhodes
Les Hospitaliers de Saint-Jean-de-Jérusalem s'établissent à Rhodes en 1309. Ils renforcent la ville et constituent une flotte importante. L'île retrouve son rôle de «gardienne des mers». Les chevaliers refusent de payer tribut aux Ottomans et menacent le transport des marchandises et les routes de pèlerinage vers **La Mecque**. Mehmed II attaque la ville le 23 mai 1480. Mais la puissante artillerie turque ne peut entamer les remarquables fortifications. Les Ottomans se retirent. Rhodes ne sera prise qu'en 1522 sous **Soliman le Magnifique**.

Les successeurs de Osman continuent sa politique d'expansion guerrière. Ils profitent à la fois des dissensions intérieures des Etats balkaniques et de l'Empire byzantin, et des rivalités entre les émirats turcs qui se partagent l'Anatolie. Ils s'occupent de l'organisation administrative et militaire de leur principauté et établissent ainsi les bases solides qui permettront à l'Empire ottoman de s'étendre.

Sous Orhan (1326-1362), le fils de Osman, les Turcs s'emparent de Brousse qui devient leur première capitale. Ils traversent la mer Egée, prennent Gallipoli et la Thrace. Pour la première fois, ils pénètrent en Europe. Murad Ier (1362-1389) s'empare d'Andrinople (Edirne) dont il fait sa capitale. En 1401, sous Bayezid Ier, surnommé «Yilderim», «la Foudre», les Ottomans contrôlent la Thrace, la Macédoine, la Bulgarie, une partie de l'Albanie et dominent l'Anatolie, de la mer Egée à l'Euphrate. Bayezid prend le titre de sultan. L'invasion de Tamerlan, en 1402, démantèle momentanément l'Empire ottoman, mais celui-ci se reconstitue et lorsqu'en 1451, Mehmed II prend le pouvoir, l'Empire réunifié a retrouvé son extension de 1401. Le Sultan peut réaliser le rêve ottoman : s'emparer de Constantinople.

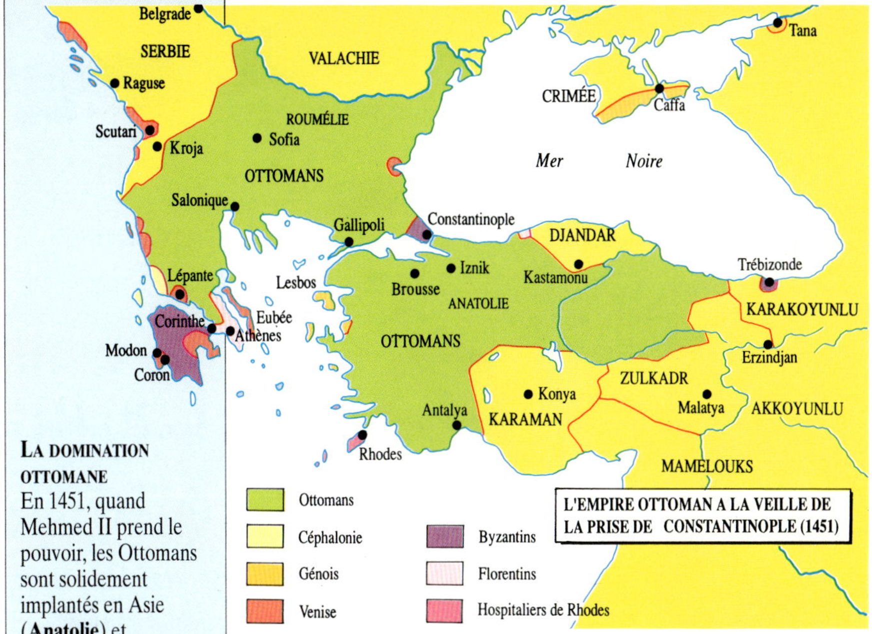

LA DOMINATION OTTOMANE
En 1451, quand Mehmed II prend le pouvoir, les Ottomans sont solidement implantés en Asie (**Anatolie**) et en Europe (**Roumélie**). Ils ont réunifié leurs possessions asiatiques et repoussé vers l'est les autres principautés turques : le **Karaman**, le **Djandar**, le **Zulkadr**. De la puissance byzantine il ne reste que les enclaves de Constantinople, de **Trébizonde** et les petits Etats du **Péloponnèse**. Les **Balkans** sont sous la domination ottomane mais sur les côtes européennes et asiatiques s'échelonnent des possessions génoises et vénitiennes. Les Hospitaliers de Saint-Jean-de-Jérusalem tiennent Rhodes et d'autres îles.

RUMELI HISARI
La forteresse **Anadolu Hisarï** se dressait sur la rive asiatique du **Bosphore**, à l'endroit le moins large du détroit (660 m). En 1452, Mehmed II fit construire en face, sur la rive européenne, la forteresse Rumeli Hisarï et la dota d'imposants canons. Il verrouillait ainsi le Bosphore. Le contrôle de la navigation était le prélude à la prise de Constantinople. Tout navire devait payer un droit de passage au commandant du fort, sinon il était coulé.

SKANDERBERG est un héros légendaire de l'Albanie. Emmené comme otage par les Ottomans, chez qui il reçut une éducation militaire, il réussit à regagner son pays et lutta contre les Turcs jusqu'à sa mort en 1468. Les Turcs l'avaient surnommé **Iskender**, Alexandre, à cause de sa vaillance.

Les casques
Leur forme conique est courante au XVIe siècle. Ils sont chacun pourvus d'une visière, d'un nasal, d'oreillons et d'un couvre-nuque. Celui de **Sokullu Mehmed Pacha** (ci-dessus), grand vizir de Soliman le Magnifique et de **Selim II**, est en fer incrusté d'or et d'argent.

Les armes
Un corps d'armuriers, institué au XVe siècle, fabriquait les armes : arcs, flèches, sabres, lances et masses d'armes, ainsi que les pièces d'armement : boucliers, casques et cottes de mailles. Le sabre de type **«kilidj»**, à lame courbe, était le plus répandu. Dès le début du XVIe siècle, les **arquebuses** furent largement utilisées.

L'armée ottomane

L'une des principales raisons de l'expansion ottomane fut l'excellence de son armée. Constituée en grande partie d'éléments permanents et professionnels, elle était recrutée aussi bien parmi les musulmans que parmi les chrétiens. Le système administratif très centralisé de l'Etat ottoman lui permettait d'entretenir une telle armée, alors que son grand rival, l'empereur germanique Charles Quint devait sans cesse recourir aux banquiers pour payer ses mercenaires.

Bouclier-rondache
Il est constitué de tiges d'osier, recouvertes de fils de soie, étroitement assemblées. Des motifs floraux sont tissés sur le dessus et une calotte d'acier protège le centre. Le revers est matelassé de velours rouge et un coussinet amortit le choc des coups.

La parade
des janissaires attirait les foules à Istanbul. Des voyageurs ont fait revivre dans leurs peintures cet extraordinaire défilé.

Les janissaires, recrutés par le système du **«devchirme»** – ramassage des enfants chrétiens –, constituaient un corps d'infanterie professionnelle dont le courage et la férocité étaient légendaires. A leur tête se trouvait l'**«agha»**, personnage très puissant, qui dépendait directement du sultan. Ils étaient divisés en compagnies dont le chef portait le nom de **«tchorbadji»** qui signifie «donneur de soupe». En effet, chaque compagnie finançait sa propre cuisine et les janissaires se groupaient le soir, pour la soupe, autour de leur marmite de bronze, qui devint en quelque sorte leur emblème. En signe de mécontentement, un retard de solde par exemple, ils renversaient leur marmite. Ils n'avaient pas, à l'origine, le droit de se marier. Ils étaient soumis à un entraînement très strict dans un esprit de discipline et de soumission absolues. Au cours des combats, la rapidité de leurs mouvements d'ensemble, l'ordre et le silence dans lesquels ils évoluaient impressionnaient leurs adversaires.

L'armée à cheval ottomane comprenait un corps impérial, une cavalerie légère, les «akinji», et un corps provincial, les «sipahi». Ces derniers recevaient comme solde les revenus d'une terre et devaient, en contrepartie, fournir à l'armée un certain nombre de cavaliers équipés, qui demeuraient en service le temps de la campagne militaire. C'était le système du «timar». Certains de ces timariotes étaient chrétiens. A la fin du XVe siècle, la Porte, l'Etat ottoman, pouvait aligner cinquante mille cavaliers. L'infanterie comprenait plusieurs corps dont celui des «'azab», chargé des reconnaissances, des travaux de mine, de la garde des forteresses, et celui des «yaya», fourni par les populations locales. Les «janissaires», recrutés parmi les «kapi kullari», constituaient un corps d'élite ; ils étaient douze mille sous Soliman le Magnifique. Les Ottomans comprirent très tôt l'importance de l'artillerie, que Mehmed II réorganisa et développa en dotant Istanbul d'un arsenal. Sous Soliman elle fut encore perfectionnée et le nombre de pièces multiplié. En revanche, la guerre navale leur était étrangère et ce ne fut qu'au XVIe siècle, après avoir construit une flotte impressionnante et fait appel à l'expérience de corsaires, comme Barberousse, qu'ils dominèrent la Méditerranée.

Les canons de la maquette ci-dessous jettent des flammes comme de vrais canons.

Barberousse **Khayr al-Din Pacha**, appelé Barberousse, était un corsaire turc qui régnait à **Alger**. Il se mit au service de Soliman le Magnifique qui le fit grand amiral en 1533. Il réorganisa la flotte ottomane et à **Préveza**, en 1538, il vainquit la **Ligue** de **Charles Quint**, du pape et de Venise.

Le «devchirme» Le ramassage des enfants chrétiens avait lieu en Roumélie, et plus tard en Anatolie, tous les trois ou sept ans. Ces enfants étaient islamisés et éduqués avec soin dans les écoles du sultan ou dans des familles anatoliennes, puis dirigés suivant leurs aptitudes vers une carrière militaire ou administrative. Les plus doués étaient élevés à la cour. C'étaient des **«kapi kullari»**, serviteurs de la **Porte**, ils dépendaient uniquement du sultan.

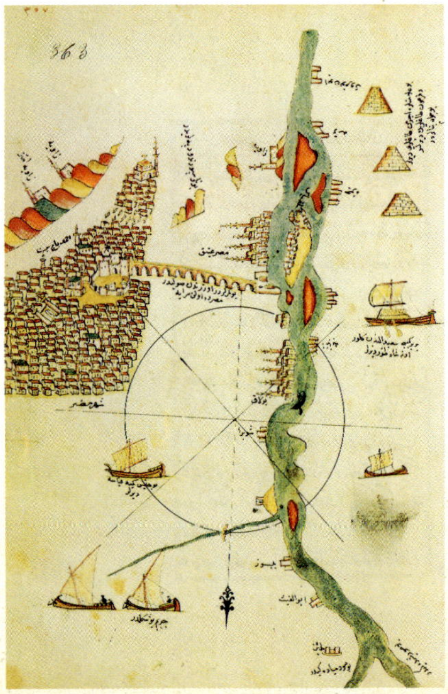

L'**Amiral Piri Reis** participa à la campagne d'Egypte en 1517 et commanda ensuite la flotte égyptienne. Ce grand navigateur et cartographe dessina en 1513 les côtes des Amériques découvertes en 1492 par **Christophe Colomb**. Son «Traité de la Marine» donne la description des côtes de la Méditerranée. Il dessina aussi dans ce traité le cours du **Nil** et la ville du **Caire**, que venait de prendre Selim Ier. La citadelle de la ville surplombe les toits des maisons, et de l'autre côté du Nil, s'échelonnent les pyramides. Comme c'était l'usage, la carte est orientée avec le nord en bas de la page.

Selim Ier

Le XVIe siècle, période d'apogée de l'Empire ottoman, débute mal. Quand Selim Ier accède au trône, la situation est grave : le pouvoir ottoman en Anatolie est battu en brèche par les prétendants au trône et les semi-nomades turcs de l'Est sont excités par le shah Isma'il, le souverain de l'Iran. En huit ans de règne, Selim Ier rétablit son autorité sur l'Anatolie. Grâce à son artillerie, il écrase les forces du shah Isma'il, en 1514, à Chaldiran. Il vainc les Mamelouks, en 1517, et s'empare de leur empire ; il établit ainsi les Ottomans en Afrique. Selim Ier, surnommé «Yavuz», «le Terrible», était un excellent chef de guerre et un administrateur efficace. Il avait un caractère violent : il battait ses vizirs et faisait souvent voler les têtes. Il aimait cependant les arts. Il ramena de ses expéditions guerrières des artistes et des artisans iraniens qui, installés à Istanbul, participèrent au développement de l'art ottoman.

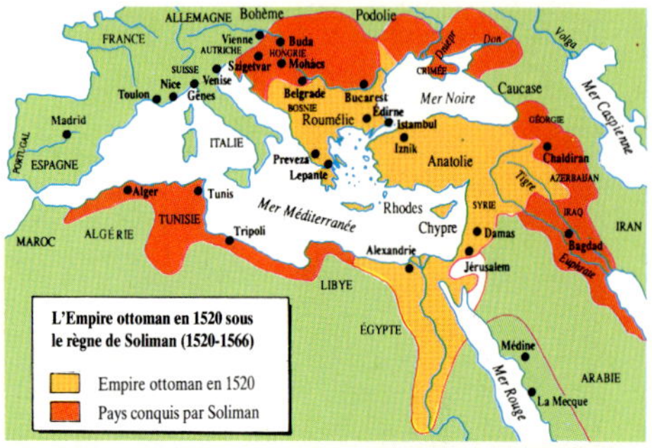

L'Empire ottoman connaît sous Soliman sa plus grande extension. Il atteint à l'est la **mer Caspienne** et le golfe Arabo-Persique. De la **Bosnie** à l'**Algérie**, les côtes de la Méditerranée sont ottomanes et la **mer Noire** est devenue une mer intérieure.

Marche sur Tunis Prise par Barberousse en 1534 et reprise par Charles Quint (1535). **Tunis** était un port important. En 1569, le pacha d'Alger **Uluc Ali**, avec ses janissaires et des cavaliers **kabyles**, la reprit.

Mohacs
Le 29 août 1526, les armées hongroises et ottomanes se rencontrèrent dans la plaine de Mohács rendue marécageuse par la pluie incessante. 300 canons à longue portée appuyaient les 100 000 soldats ottomans commandés par Soliman. Les Hongrois avec les Espagnols, les Allemands et les Autrichiens venus à leur aide étaient plus de 150 000, mais ils n'avaient que 100 canons. Emportés par leur fougue, les chevaliers chrétiens se firent décimer par l'artillerie ottomane. Les survivants prirent la fuite dans les marais, mais, empêtrés dans leurs armures, ils se noyèrent pour la plupart. **Louis II** de Hongrie était l'un d'eux.

Soliman le Magnifique

Long, maigre, le front haut, le nez aquilin, les yeux très grands, empreint d'une indéniable majesté, Soliman était un homme pieux, sage, ferme et d'une haute valeur morale qui savait respecter ses engagements. On lui reproche le sacrifice de ses deux fils à la raison d'Etat. Durant son règne, Soliman mène treize expéditions, dix en Europe et trois en Asie. En 1521, il prend Belgrade, et l'île de Rhodes l'année suivante. La Hongrie, dont Soliman a compris la situation stratégique, est le lieu d'affrontements permanents. En 1526, il écrase à Mohács les Hongrois et leurs alliés et prend Buda. La succession au trône de Hongrie l'oppose alors à l'Autriche. En 1529, il met le siège devant Vienne. L'Europe tremble. Mais Vienne, trop éloignée d'Istanbul, est le point extrême que peut atteindre l'armée ottomane. De 1534 à 1566, la Hongrie orientale tombe aux mains des Ottomans, Bagdad est prise et le Yémen occupé. La suprématie ottomane se confirme en Iran et, grâce aux corsaires turcs, la Tripolitaine, l'Algérie et la Tunisie sont placées sous leur suzeraineté. En 1566, Soliman meurt au siège de Szigetvar, lors d'une campagne en Hongrie.

Les «Mamelouks» régnaient sur l'Egypte et la Syrie depuis 1250 et leur puissance s'étendait jusqu'en Anatolie. En 1517, Selim Ier mit fin à leur dynastie.

ROXELANE : Sans doute enlevée au cours d'une razzia en Pologne, Roxelane fut ensuite vendue comme esclave. «Elle n'était pas belle mais gracieuse», dit un témoin de l'époque. Son charme fut néanmoins tout-puissant sur Soliman. Elle lui donna quatre fils et une fille et, pour la première fois au harem, un sultan épousa légalement sa favorite. **«Hurrem Sultane»** – «hurrem» signifie joyeuse – s'installa au palais de **Topkapi**. Elle régnait sur le harem et intrigua pour que son fils **Selim** succédât à son père ; elle fut certainement responsable de la mort du fils aîné de Soliman. Mais elle fit aussi construire des hôpitaux et des hospices grâce aux donations de Soliman. Le sultan l'aima jusqu'à sa mort et composa pour elle des poèmes :
«Je suis devenu souverain du monde en mendiant à ta porte,
Le monde peut faire rage comme une mer déchaînée, je ne mettrai pas la voile,
Le vaisseau de ton amour est une ancre pour moi.»

L'administration ottomane

L'étendue de l'Empire ottoman au XVIe siècle exigeait une administration efficace. Soliman s'emploie alors à promulguer une législation séculière, le «kanun», afin que l'ensemble des lois puisse garantir à l'Etat force et stabilité. Ses sujets, reconnaissant l'ampleur de son œuvre, le surnomment «Kanuni», «le Législateur». L'Etat ottoman est un organisme très centralisé, dont le siège est le palais. A sa tête se trouve le sultan qui détient absolument tous les pouvoirs. Ses décrets «commandent l'obéissance au monde entier», il est «l'ombre de Dieu sur terre», le chef suprême de l'armée, le grand juge. Néanmoins, il ne peut aller à l'encontre des préceptes de la loi islamique, la «charia».

Le sultan gouverne par l'intermédiaire du «divan», son conseil, présidé par le grand vizir. Celui-ci est le représentant absolu du souverain et, dans la pratique, c'est lui qui gouverne l'Etat. Le divan est composé de trois autres vizirs, du grand chancelier – le «nichandji» –, de deux contrôleurs des finances – les «defterdar» – qui supervisent les recettes et les dépenses de l'Empire, et de deux juges de l'armée – les «qadi'askar» – qui traitent des questions juridiques et nomment les juges, les «qadi». Dans les provinces, les gouverneurs sont responsables de l'ordre public et des affaires militaires. Les defterdar s'occupent de la fiscalité et contrôlent les bénéficiaires des timar, qui perçoivent des taxes pour leur propre compte ; les qadi, enfin, font office de juges et de notaires.

Un trait spécifique caractérise ce système administratif : les principaux postes sont tenus par des esclaves d'origine chrétienne, soigneusement éduqués – les kapi kullari –, les serviteurs de la Porte. Leur avancement n'est dû qu'à leurs mérites. Redevables au sultan de leur vie, de leur carrière et de leur fortune, ils le servent fidèlement. C'est parmi eux que Soliman choisit huit de ses grands vizirs, y compris son favori Ibrahim Pacha.

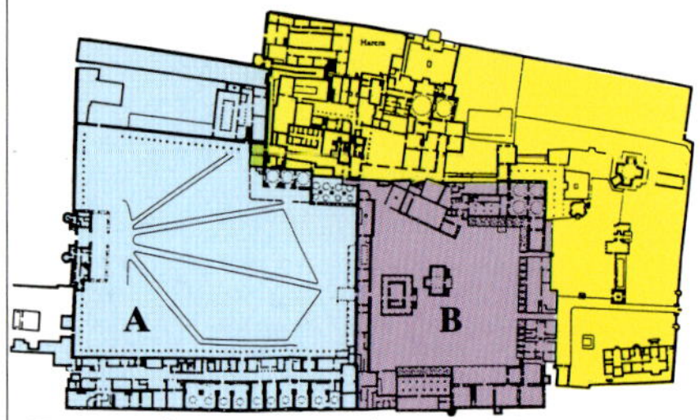

TOPKAPI SARAY Véritable cité, ses trois portes monumentales – la **porte Auguste**, la **porte du Salut** et la **porte de la Félicité** – mènent à une série de cours entourées de multiples bâtiments. Les premières cours constituaient la partie publique du palais , le **«birun»** (A), à laquelle tout le monde avait accès. On y trouvait dépôts d'armes, canons et services officiels. La troisième porte menait à la partie privée l'**«enderun»** (B), réservée au sultan, où se trouvait le harem.

Le divan
Dans la deuxième cour du palais siégeait le divan. Une coupole dorée couvrait la salle des délibérations dominée par la **tour de Justice**.
Sous Soliman, le divan se réunissait quatre fois par semaine. Le sultan n'y assistait pas mais, de la tour de Justice, par une fenêtre grillagée, il pouvait, sans être vu, suivre les délibérations. Dans la cour se tenaient ceux qui attendaient une audience.

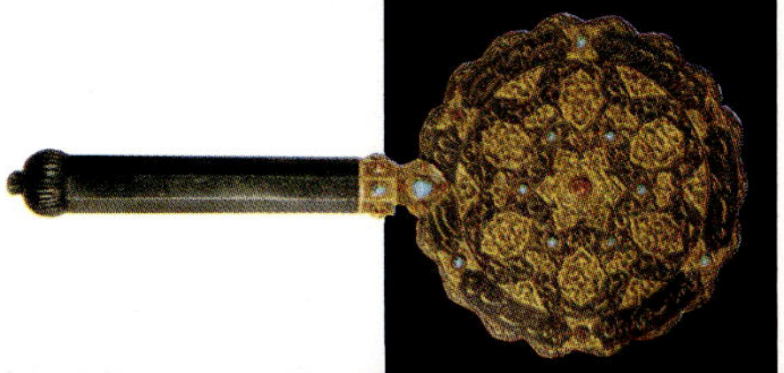

Les miroirs étaient souvent luxueux. Celui-ci, dont le revers est en acier incrusté d'or et de turquoises, possède un manche de jade.

Dans l'«enderun», les plus doués des pages, recrutés par le système du devchirme, complétaient leur éducation, entourés d'enseignants et surveillés par les **eunuques blancs**. Seule, une élite accédait au service particulier du sultan avec l'espoir d'obtenir ensuite les plus hautes fonctions.

Le harem
C'est la partie la plus secrète de l'enderun, si secrète qu'elle a suscité les histoires les plus fantastiques. Les **eunuques noirs** en défendaient l'accès et en assuraient l'ordre et la discipline.
Seul le sultan pouvait y pénétrer.
Les esclaves admises dans le harem impérial étaient converties à l'islam et recevaient une éducation aussi poussée que celle des pages. On leur enseignait tous les arts : chant, broderie, musique, etc., ainsi que plusieurs métiers.
Certaines d'entre elles, une fois leur éducation terminée, recevaient une dot et épousaient d'anciens pages entrés dans la carrière.
Pour les autres, le rêve était d'être distinguées par le sultan, et devenir **«gözde»** – favorite passagère – ou peut-être **«kadim»**, l'une des quatre concubines privilégiées. Celle qui, la première, donnait un fils au sultan prenait le titre de **«bach kadim»**.
Mais l'autorité sur le harem revenait à la **«sultane valide»**, la mère du sultan. Dans cette atmosphère luxueuse mais en vase clos, la concurrence entre toutes ces femmes était très vive.

Les jalousies et les intrigues des favorites, qui voulaient avantager leur fils pour la succession du sultan, menaient souvent au crime.

Le hammam

Lieu de détente et de rencontre où l'on bavarde entre amis, le hammam joue un grand rôle dans la vie quotidienne. Chaque quartier possède ses bains, et certains d'entre eux sont réservés aux femmes. Celles-ci y passent souvent toute la journée et apportent dans un panier de quoi se nourrir.

Luxueux et orné de marbre, le hammam est dans la tradition des bains romains : il comprend vestiaire, salle chaude et salle froide.

SÉANCE AU HAMMAM **Nicolas de Nicolay**, géographe français, qui accompagna une ambassade française à Istanbul, raconte sa visite au hammam. Il évoque les magnifiques fontaines de marbre puis décrit le rituel précis des bains : le déshabillage, la sudation, le massage sur une grande table de marbre, le passage au gant de crin, l'emploi d'un savon spécial, le rasage et l'aspersion finale. Il conclut en disant : «Après avoir ainsi sué et après avoir été foulé, manié, frotté, étrillé, lavé, vous vous en retournez où sont vos habits pour vous sécher et revêtir.»

Le Grand Bazar

C'est le cœur de la vie commerciale d'Istanbul. Ses deux marchés couverts, les «bedestan», abritent les marchandises de valeur. Les soieries précieuses, les tapis et les fourrures voisinent avec les porcelaines, les belles céramiques, les somptueux bijoux et les pièces d'orfèvrerie. Mais à la tombée du jour, ses dix-huit portes se referment.

Autour des deux **«bedestan»** et des **«khan»**, qui servent à la fois de bureaux, de magasins et de logements, se croisent les soixante-sept ruelles du **«tchar tchi»**. Elles sont bordées de boutiques et d'échoppes et chacune d'elles porte le nom de la corporation qui y est installée.

Le café
L'origine du café est assez mystérieuse. Pour certains chroniqueurs arabes, **Salomon** aurait été le premier à en avoir fait usage. Il arriva dans une ville où tous les habitants souffraient d'une maladie incurable et l'**ange Gabriel** lui souffla de faire griller des grains du **«yamen»** pour en faire une potion qui les guérirait. Les textes européens sont plus prosaïques. Un prieur observait que les graines que broutaient ses chèvres avaient un effet euphorisant. Il en fit une décoction. Le café était découvert.

L'usage du café, apparu au **Yémen** dans le courant du XVe siècle, se répandit et gagna les pays du Levant. Deux Syriens l'introduisirent à Istanbul au milieu du XVIe siècle.

Des établissements se créèrent autour des bazars et furent vite très fréquentés. Les gens se groupaient pour boire le breuvage brûlant servi dans de petites tasses profondes de porcelaine. La vogue des cafés s'étendit et certains étaient très luxueux. A la dégustation de la boisson s'ajouteront, par la suite, les jeux de **trictrac** et d'**échecs**. Ces lieux étaient surtout le rendez-vous des poètes et des littérateurs.

Panorama
Le peintre a représenté (vers 1590) la Corne d'Or et Istanbul vues de Galata. On aperçoit, à l'arrière, la mer de Marmara et l'entrée du Bosphore. Topkapi Saray s'étend à la pointe de la ville. A l'extrême droite se dresse la mosquée **Süleymaniye**.

Les fleurs sont privilégiées dans l'art décoratif ottoman et certaines d'entre elles sont constamment représentées : la tulipe, la rose, la jacinthe, l'œillet et la pivoine. Elles ornent en particulier les céramiques et les luxueux textiles employés non seulement pour les **cafetans** mais aussi pour les coussins et les tentures.

L'art ottoman

Sous Soliman le Magnifique, au XVIe siècle, le palais, centre du gouvernement, est aussi le centre artistique de l'empire. Ses ateliers impériaux de peinture sont dirigés par les plus grands peintres et enlumineurs de l'époque : Shah Quli, Karameni, Osman. Ils perpétuent et développent certaines traditions picturales, et créent de nouveaux styles, des thèmes et des motifs décoratifs qu'ils donnent en modèle aux artisans de l'empire. C'est pourquoi les manuscrits richement enluminés et reliés à Istanbul, les merveilleux textiles de soie, d'or et d'argent tissés à Brousse, les fameuses céramiques façonnées à Iznik et les tapis de soie présentent tant d'affinités décoratives.

Orfèvres et lapidaires s'inspirent aussi de ces modèles. Les bijoux, les armes d'apparat et les objets luxueux – aiguières, coupes, écritoires, boîtes, etc. – témoignent de leur extraordinaire maîtrise technique. Ils cisèlent l'or et l'argent, taillent le cristal de roche, l'ivoire et le jade, les incrustent d'or, de turquoises, de rubis et d'émeraudes. Les jeunes pages du sultan, élevés au palais dans cette ambiance luxueuse, s'en imprègnent. Promus plus tard au rang de gouverneurs, ils vont tenter de recréer à Buda, à Damas ou au Caire ce qui se fait à Istanbul. Cette grande unité stylistique inspirée par le palais est l'un des caractères spécifiques de l'art ottoman.

Parmi les objets du trésor de Topkapi, figure ce pichet en or ciselé, incrusté de cristal de roche, rehaussé d'émeraudes et de rubis. L'anse est en forme de tête de dragon.

La gourde et la lampe de mosquée sont des céramiques d'**Iznik** du XVIe siècle.

Après la prise de Constantinople, il fallait reconstruire la ville. Cette nécessité et les grandes ressources de l'Empire ottoman vont provoquer une véritable fièvre de construction au XVIe siècle. Plus de trente grandes mosquées sont construites à Istanbul. Elles s'élèvent souvent sur des hauteurs, d'où elles dominent les habitations de bois qui se pressent autour d'elles. Elles occupent aussi un très large espace car elles font partie d'un «külliye» – ensemble de bâtiments religieux ou hospitaliers. Ainsi, au centre du külliye de la Süleymaniye se trouvent la mosquée et le cimetière où sont érigés les tombeaux de Soliman et de Roxelane.
Des constructions plus basses les entourent : quatre «medrese» (universités religieuses), un hôpital, un hospice, une école coranique et des bains. Ces külliye sont habituellement institués «waqf», c'est-à-dire biens inaliénables, et les revenus des donations qui accompagnent le waqf servent à leur entretien. Les plus belles de ces mosquées, la Shehzade, la Süleymaniye à Istanbul, la Selimiye d'Edirne et beaucoup d'autres, sont l'œuvre de Sinan, l'architecte en chef de Soliman. Pyramidales et de plan centré, elles étagent harmonieusement leurs volumes surmontés d'un dôme. L'espace intérieur est baigné de lumière par les multiples vitraux. Dans certaines mosquées, comme celle de Roustem Pacha, les murs sont entièrement couverts de carreaux de céramique disposés comme des tapis. Ces édifices seront des modèles pour les architectes suivants, mais aucun d'eux n'égalera le génie de Sinan.

SULEYMANIYE
A l'occasion de la circoncision de son fils **Mehmed**, le sultan **Murad III** ordonna des festivités qui durèrent 52 jours. Au cours d'un défilé, la corporation des architectes lui présenta la maquette de la Süleymaniye.

MIMAR SINAN,
né en 1489 près de **Kayseri**, fut recruté par le système du «devchirme» en 1512 et affecté au corps des janissaires. En 1538, au cours d'une campagne, il construisit deux ponts, dont un sur le **Danube**, remarqués par Soliman.

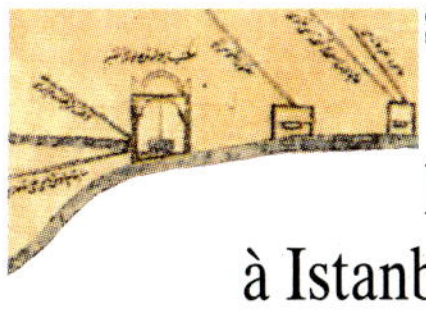

Sinan réalisa, en même temps que le **«külliye»** de la Süleymaniye, un système d'adduction d'eau pour alimenter le complexe. Un réseau de canalisations, la plupart souterraines, et des aqueducs, amenaient l'eau des sources avoisinantes. Des dignitaires pouvaient bénéficier de ce système, à condition de fournir par un branchement en amont, la même quantité d'eau qu'ils retiraient en aval.

Sinan devint architecte en chef de Soliman. Il déclara lui-même avoir construit 30 grandes mosquées, 300 plus petites, des **«medrese»**, des mausolées, des hospices, les bains de **Hurrem Sultane** à Istanbul, les fameuses cuisines du palais de Topkapi, des ponts et des aqueducs. Son chef-d'œuvre est la mosquée **Selimiye** (1574) à **Edirne**. Sinan rénova l'architecture ottomane et créa l'art classique.

LES CORANS
Copier le texte sacré du Coran est une œuvre pieuse. Dans le monde islamique les calligraphes sont les artistes les plus considérés. Ils tracent leurs lettres au **«qalam»** (tige de roseau taillée) et emploient différentes écritures.

Les sultans ottomans firent exécuter de nombreuses copies du Coran, luxueusement reliées. La reliure ci-dessus est tout en or. Elle est composée de quatre plaques ciselées, réunies par des charnières souples et incrustées de jade, de rubis et d'émeraudes.

Dans les corans, ce sont surtout les premières pages, les frontispices, qui sont enluminées, et dans la suite du manuscrit, les titres de **sourate** (chapitre).

Le lecteur s'assied à terre, les jambes repliées sous lui, le coran est posé devant lui, sur un support bas en forme d'X, richement décoré et incrusté d'ivoire.

Les ambassades
Les Ottomans aimaient le faste. La splendeur des cortèges officiels où défilaient les bannières, la musique, les cavaliers sur leurs fringantes montures et les janissaires en tenue d'apparat renforçaient leur prestige. Ils accueillaient en grande pompe les ambassadeurs et leur octroyaient une garde particulière. Ces intermédiaires d'importance, parés du prestige de leur pays, dialoguaient avec les plus hautes autorités, les membres du «divan».

Les capitulations
Jusqu'au XVIe siècle, les étrangers qui vivaient à Istanbul étaient en majorité des marchands. Les capitulations ont permis l'arrivée de diplomates et de gens de profession libérale, de missionnaires et de voyageurs. Les premières furent négociées en 1536 entre la France et la Porte. Elles permettaient l'installation à Istanbul et dans les «**échelles**» (ports de commerce) de représentants officiels. Elles précisaient le statut juridique de leurs nationaux, les conditions dans lesquelles les marchands pouvaient commercer et les missionnaires exercer leur sacerdoce.

L'Europe et le monde ottoman

L'idée que l'Europe se fait du monde ottoman évolua au cours des siècles. Longtemps «le Turc» a été synonyme d'effrayant et de redoutable, d'autant qu'on ne le connaît alors que par des récits de guerre. L'expansion continue de l'Emirat puis de l'Empire ottoman est ressentie comme une menace. En 1453, la chute de Constantinople ne fait que renforcer l'image qui a cours en Europe – celle du janissaire féroce brandissant son sabre, et conduisant des cohortes de prisonniers en esclavage.

Le commerce
Située au cœur du commerce en Méditerranée orientale, Istanbul attire les marchandises. Tout ce qui a trait à sa consommation journalière est du domaine de l'Etat, qui veille à assurer l'approvisionnement régulier de la capitale. Sont laissées à l'initiative privée les exportations de cuirs, de peaux, de laine, de soieries de luxe, de tapis, d'épices et de parfums… ainsi que les importations de drap de laine, de quincaillerie, de papier et d'acier d'Europe, de musc et de porcelaine d'Asie, de fourrures et d'oiseaux de chasse du Grand Nord…

Dans les jardins des Ottomans, les Européens découvrirent la **tulipe**. Ils tentèrent de l'acclimater chez eux. Les premières tulipes européennes s'épanouirent à Vienne en 1554. Elles ne fleurirent en Hollande qu'en 1571.

Au cours du XVIe siècle, grâce aux échanges d'ambassades, aux capitulations, aux contacts commerciaux et aux voyageurs de plus en plus nombreux, l'Europe apprend à mieux connaître «le Turc». Des peintres accompagnent les ambassades. Fascinés par le monde vivant et coloré qu'ils découvrent, ils le peignent sur le vif. «La Parade des janissaires» en est un exemple. Les récits de voyage, largement diffusés, du géographe français Nicolas de Nicolay contribuent à faire connaître la vie quotidienne d'une capitale prestigieuse. Peu à peu, l'image du Turc diabolique fait place à celle d'un adversaire, redoutable certes, mais semblable aux autres et dont le faste éblouit.

Lettre de Soliman à François Ier
Les lettres de Soliman comme les décrets impériaux étaient écrits en encre noire et or sur de longs rouleaux de papier.

François Ier et Soliman le Magnifique
L'alliance de François Ier et de Soliman débuta en 1525, alors que le roi de France était captif de Charles Quint à **Madrid**. Cette alliance d'un roi très chrétien et du **«Grand Turc»** fit grand scandale à l'époque. Les deux souverains s'unissaient en fait contre un ennemi commun : Charles Quint. L'empereur Habsbourg avait hérité de territoires allant de l'Espagne à la Hongrie. Son empire étouffait la France. Qui pouvait se mesurer à lui si ce n'était Soliman, dont la puissance égalait la sienne et qui se heurtait aux Impériaux en Méditerranée et en Hongrie ? La collaboration porta surtout sur des actions navales communes dont l'épisode le plus marquant fut le siège de **Nice** de 1544 à 1545. La mauvaise saison força la flotte ottomane de Barberousse à hiverner à **Toulon**. Pour quelques mois la ville devint une petite Istanbul. François Ier profita de cette alliance pour intervenir auprès du sultan en faveur des communautés chrétiennes. La France bénéficia la première des capitulations.

Ces «grand-dames turques» illustrent l'ouvrage de Nicolas de Nicolay.

Les galères de combat nécessitaient beaucoup de rameurs. Les prisonniers de guerre, chez les Turcs et les chrétiens, constituaient un effectif de remplacement. Enchaînés au banc des rameurs, ils n'étaient libérés qu'après avoir payé une forte rançon.

ALVARO DE BAZAN, général des galères.

LA LIGUE avait confié le commandement de sa flotte à **don Juan d'Autriche** (ci-dessus), fils naturel de Charles Quint. Passant outre la méfiance de **Philippe II** d'Espagne et les conseils pusillanimes de certains capitaines, le jeune prince, intrépide et chevaleresque, força le destin et attaqua la flotte ottomane. Il remportait à 26 ans une des plus belles batailles navales de l'histoire .

MIGUEL DE CERVANTES, l'auteur de **«Don Quichotte»**, perdit sa main gauche à la bataille de Lépante.

La bataille de Lépante est l'événement le plus retentissant du XVIe siècle en mer Méditerranée. L'armada ottomane, forte de deux cent trente navires de guerre, et les deux cent huit galères de la Ligue – alliance de Philippe II, du pape et de Venise – se rencontrent à l'entrée du détroit de Lépante. Aussitôt, par une habile manœuvre, les navires chrétiens encerclent les galères ottomanes et les détruisent. Trente vaisseaux turcs seulement parviennent à s'échapper. Le résultat majeur de ce triomphe n'est pas la destruction de la flotte ottomane – celle-ci se reconstituera rapidement –, mais l'effondrement du mythe de l'invincibilité ottomane. Avec Selim Ier et Soliman le Magnifique, l'Empire ottoman était au faîte de sa puissance. A Lépante, il montre les premiers signes d'une faiblesse qui s'accentuera. Mais le «vieil homme malade» ne s'effondrera qu'en 1920.

MUEZZINZADE ALI PACHA, grand amiral de **Selim II**, commandait la flotte ottomane à Lépante. Il était loin d'avoir les compétences de ses prédécesseurs. Il fut décapité au cours de la bataille. Il est représenté ici en grande tenue, avec à l'arrière-plan, sa tête fichée sur une pique.

Les conquistadores

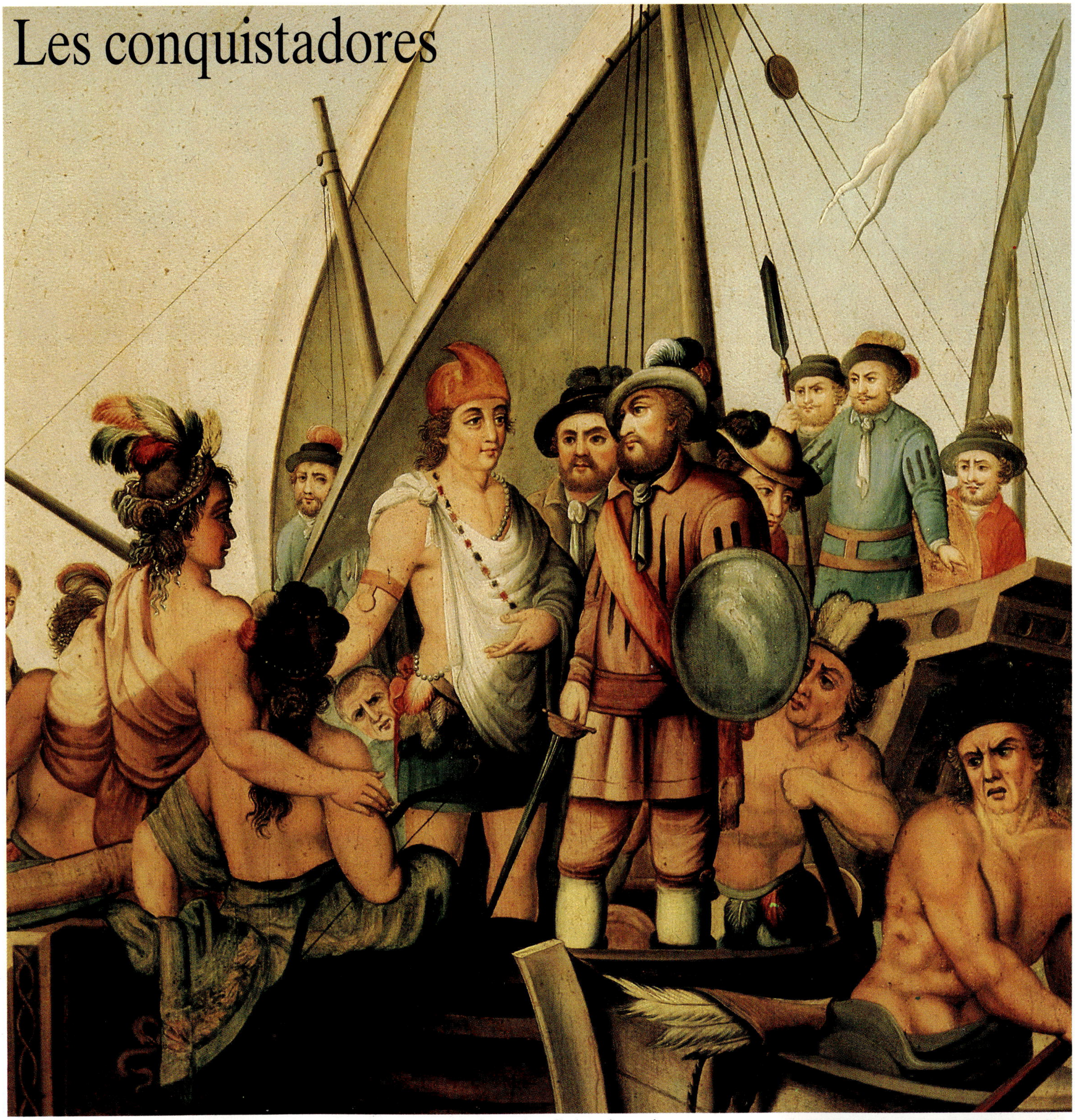

La découverte du Mexique inaugure la domination du continent américain. En 1519, **Hernán Cortés** rencontre le souverain aztèque **Moctezuma** et découvre sa capitale lacustre, **Tenochtitlán (Mexico)**. Les Espagnols réalisent l'essentiel de leurs conquêtes sous le règne de **Charles Quint** (1516-1556).

Dès que Christophe Colomb revient de son premier voyage, l'Espagne et le Portugal, les deux puissances maritimes de l'époque, se partagent, en 1494, par le traité de Tordesillas, le Nouveau Monde à peine découvert. Un demi-siècle suffit dès lors aux conquistadores – les «conquérants» en espagnol – pour dominer les populations des «Indes occidentales». L'empire d'Espagne, sur lequel «jamais le soleil ne se couche», est né.

Les Antilles, base de conquête

Les Portugais au Brésil
La colonisation des terres découvertes en 1500 par le Portugais **Pedro Alvares Cabral** est plus lente et limitée d'abord à la frange côtière. Pendant les trente premières années, la route des épices d'Orient retient plus l'intérêt de la Couronne du Portugal que cette nouvelle colonie «peuplée de primitifs». Les côtes font l'objet de voyages de reconnaissance et quelques comptoirs éparpillés y sont fondés pour l'exportation du «**brésil**», bois utilisé pour la teinture. La pénétration vers l'intérieur commence avec l'exploitation de la canne à sucre, du cuir et des métaux, qui emploie des Indiens capturés à la guerre et de nombreux esclaves africains. Au milieu du XVIe siècle, seuls deux centres importants se détachent au nord : **Olinda** et **Salvador de Bahia**.

Découvrir, conquérir, coloniser : ces trois étapes se succèdent très vite. Dès le second voyage de Christophe Colomb (1493-1496), une expédition composée de soldats, d'artisans, de paysans et de fonctionnaires est chargée de mettre en valeur Hispaniola, l'«île espagnole» (actuellement Haïti). Les conquérants y fondent des villes à l'image de celles d'Espagne, qu'ils baptisent de noms espagnols. Ils y introduisent de nouvelles semences et de nouveaux animaux pour développer l'agriculture et l'élevage. Cette exploitation repose sur le travail des Indiens vaincus qui doivent verser un tribut en or. Victimes de la faim, des épidémies et des mauvais traitements, ils ne tardent pas à disparaître presque totalement d'Hispaniola. Pour renouveler la main-d'œuvre, les colons se livrent à des razzias dans les autres îles des Antilles.

Mais ces pratiques sont dénoncées par les religieux partisans d'une colonisation pacifique. Ils interviennent auprès de la Couronne, qui édicte des lois pour la protection des Indiens. A partir de 1532, il est interdit de les marquer au fer rouge. Considérés comme des vassaux libres, ils restent soumis au travail obligatoire. Par ailleurs, dès 1501, des esclaves noirs sont importés d'Afrique. Pour leur malheur, ils s'adaptent bien au climat et se révèlent plus résistants que les indigènes aux terribles conditions de vie qui leur sont imposées.

Après les îles des Caraïbes, la recherche d'or, de perles et de main-d'œuvre entraîne les conquistadores vers le littoral de l'actuel Venezuela et vers l'isthme de Panamá, qui reçoit le nom de «Castilla del Oro». Lorsque le continent leur dévoile ses richesses en métaux précieux, les colons délaissent les îles, et les Antilles servent désormais avant tout de base stratégique pour de nouvelles explorations.

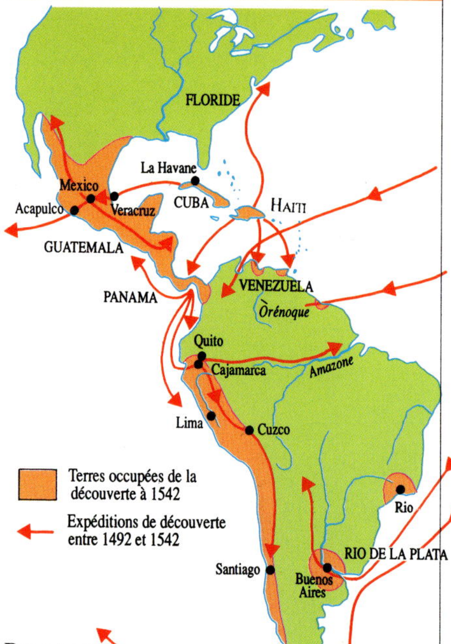

Des vagues successives
Haïti sert de point de départ à des expéditions vers les îles voisines (**Porto Rico**, **la Jamaïque**, **Cuba**) et **Panamá**. De Cuba, Cortés se dirige vers les côtes mexicaines et depuis Panamá, **Pizarro** part à l'assaut des **Andes**. Une fois conquis, le Mexique et le **Pérou** deviendront à leur tour les bases de l'expansion des conquérants.

Le paradis d'Hatuey
Tandis que les Espagnols préparent l'exécution du **cacique** (chef) Hatuey, un religieux essaie de le convertir au christianisme en lui promettant qu'ainsi, il ira au Ciel. L'Indien demande alors si les conquistadores y vont aussi, auquel cas, il préfère encore l'enfer.

Caonabo
En quittant Haïti, Colomb avait laissé des compagnons dans le **fort de Navidad**. A son second voyage, il trouve le fort incendié et ses hommes tués. Le coupable désigné est le **Caribe** (ethnie indienne) Caonabo, le cacique le plus puissant de l'île, ennemi juré des Espagnols. Seule la ruse permettra de le capturer. En 1495, **Alonso de Ojeda** est envoyé auprès de lui pour négocier la paix. Il le fait monter sur son cheval puis lui passe aux poignets des bracelets d'un métal brillant, inconnu des Indiens, en lui faisant croire qu'il s'agit de bijoux. La parure est en réalité une solide paire de menottes en fer. L'indomptable Caonabo se retrouve prisonnier. En 1504, sa veuve, la belle **Anacaona** («Fleur d'or»), accusée de conspirer contre les Espagnols, est pendue.

La pêche aux perles
La réalité fut moins idyllique que ne le représente cette peinture italienne de l'époque de la conquête. «On immergeait dans l'eau les esclaves indiens avec des pierres attachées autour des épaules, pour qu'ils arrivent jusqu'au fond, là où s'abritent les perles les plus grosses, et ils nageaient jusqu'à l'épuisement, du lever au coucher du soleil, pour arracher les huîtres collées aux rochers. Aucun esclave ne résistait longtemps. Vite, et même très vite, leurs poumons éclataient.» **(Eduardo Galeano**, «Mémoire du feu», Plon, 1985). Dans sa célèbre «Très Brève Relation de la destruction des Indes», publiée en 1552, le dominicain **Bartolomé de Las Casas** dénonça la pêche aux perles parmi les cruautés dont se rendirent coupables les conquérants.

L'appât de l'or
devient le principal mobile des expéditions. Les colons espagnols sont autorisés à exploiter les gisements aurifères à condition de verser au roi le cinquième du métal extrait. Les **orpailleurs** des cours d'eau (ci-dessous) et les mineurs (à gauche) sont indiens ou noirs.

La légende noire
La collection des «Grands Voyages» publiée à **Francfort** à partir de 1590 est illustrée de gravures de **Théodore de Bry**. On y voit entre autres le supplice d'Hatuey, le travail des esclaves indiens chargés de fardeaux ou celui des esclaves de Guinée dans les mines d'Haïti. Ces images insistent sur la barbarie et la convoitise des conquistadores. Elles fixent dans la mémoire du lecteur européen les épisodes clés de la tyrannie exercée par l'Espagne du XVIe siècle dans cet empire que ses voisins lui enviaient.

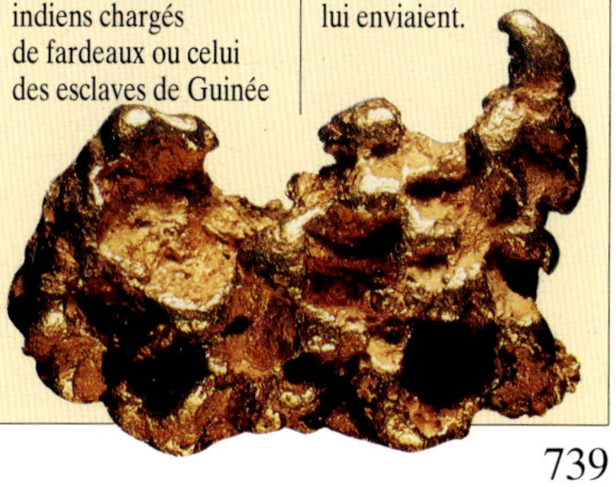

Cortés au Mexique

Hernán Cortés débarque au Mexique à la tête de six cents hommes. Il dispose de quatorze canons, seize chevaux et onze navires qu'il saborde pour ôter à ses soldats toute velléité de fuite. Puis il pénètre à l'intérieur de l'Empire aztèque. Deux ans plus tard, il s'en est rendu maître et le rebaptise «Nouvelle-Espagne».

Une mort annoncée
Des prodiges annonciateurs d'une destruction prochaine marquent le règne de Moctezuma : apparition d'une comète (ci-dessus), incendie du temple de la grande déesse **Toci**, vagues gigantesques sur le lac de Mexico. L'arrivée de Cortés sur la côte accroît l'inquiétude : le dieu **Quetzalcóatl** serait-il de retour ? Moctezuma lui envoie des ambassadeurs chargés de présents. Ils reviennent épouvantés par le tir du canon, les chevaux et les chiens. Moctezuma, accablé, tente en vain d'arrêter l'avancée des envahisseurs par les sortilèges de ses prêtres…

La «Noche triste»
En novembre 1519, les Espagnols entrent dans Mexico et emprisonnent Moctezuma. En juin 1520, à la suite d'un massacre, les **Aztèques** se soulèvent. Moctezuma, sorti sur une terrasse pour les appeler au calme, est mortellement blessé par une pierre (devenue une flèche dans l'illustration reproduite ici). Les conquistadores battent en retraite par une nuit pluvieuse et sont pourchassés sans merci. La moitié d'entre eux mourra pendant cette «triste nuit». Mais en août 1521, **Cuauhtémoc**, le dernier roi aztèque, se rendra.

Pizarro et l'Inca

Un empire divisé
En 1525 meurt **Huayna Capac**, le onzième **Inca**. Son vaste empire s'étend sur une longueur de 4 000 km. Il couvre le Pérou actuel et une partie des pays voisins. Ses héritiers se disputent le pouvoir : **Huascar**, son fils légitime, qui réside à **Cuzco**, et **Atahualpa**, le bâtard de **Quito**. Après une guerre

acharnée, Huascar a été vaincu et fait prisonnier par son demi-frère lorsque Pizarro débarque, en 1532. La guerre civile au sein de l'Empire inca est un atout pour les conquérants.

Novembre 1532. Sous le soleil de la grand-place de Cajamarca, au nord du Pérou, l'Inca Atahualpa s'avance à la rencontre des hommes blancs. L'interprète indien lui apprend que les étrangers sont envoyés par un grand seigneur dont il doit devenir l'ami. L'Inca répond qu'il est lui-même un grand seigneur. Un religieux, brandissant une croix et une bible, l'exhorte à croire en Dieu. Pour écouter la parole du dieu des Blancs, l'Inca porte la bible à son oreille. «Ce livre ne parle pas !» dit-il et il le laisse tomber à terre.

Les Espagnols répliquent en massacrant les Indiens désarmés et en capturant Atahualpa. L'Inca offre, en échange de sa vie, une énorme rançon qui remplit toute la salle où il est détenu. Cinq mille kilos d'or et onze mille kilos d'argent sont fondus par les orfèvres qui réduisent leurs propres œuvres en lingots faciles à partager. Pourtant, Pizarro ne tient pas parole. Atahualpa est exécuté, la capitale, Cuzco, prise et pillée. En 1535, le Pérou est doté d'une nouvelle capitale, Lima, et d'un nouvel Inca. Mais, bien qu'intronisé par les conquérants, Manco Cápac II donne bientôt le signal de la révolte.

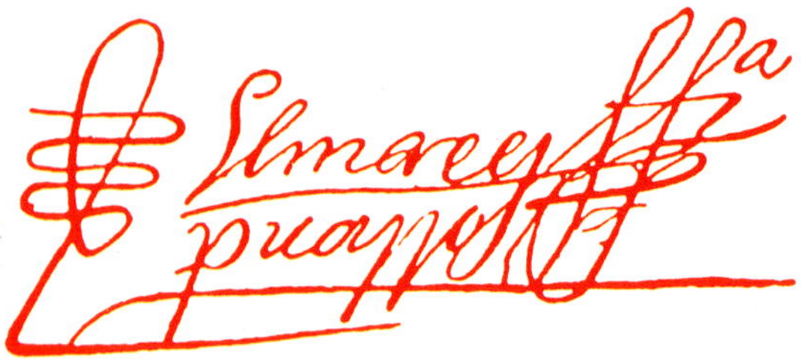

Francisco Pizarro, illettré et d'origine modeste, arrive aux Indes occidentales (l'Amérique) en 1502. Il prend part à de nombreuses explorations avant de s'établir à Panamá. Les rumeurs sur les richesses du Sud le tentent. Trois expéditions lui sont nécessaires pour accéder au cœur de l'Empire inca. Avec deux cents hommes, il atteint **Cajamarca**, capture Atahualpa et s'enrichit d'une façon inouïe jusqu'alors grâce à la rançon de l'Inca. Mais le partage de l'or et du pouvoir cause des divisions meurtrières entre les chefs espagnols. **Diego de Almagro** s'estimant lésé se rebelle. Vaincu, il est exécuté en 1538. Ses partisans le vengent en assassinant Pizarro dans son palais de **Lima**, trois ans plus tard.

L'or du Pérou
«Pleins de cupidité, des prêtres, des Espagnols, des femmes, des marchands prirent la mer vers le Pérou. Il ne fut question que du Pérou et encore du Pérou, des Indes, de l'or et de l'argent de ce royaume» (**Poma de Ayala**).

Les conquêtes du Mexique par Cortés et du Pérou par Pizarro sont des prouesses, si l'on considère le petit nombre des conquérants donnant l'assaut à de puissants empires et l'incroyable rapidité de leur succès. Elles résultent d'une même tactique : les Espagnols tirent profit des oppositions à l'intérieur des territoires qu'ils convoitent, ils parviennent à s'approcher des souverains et les capturent par surprise. Une fois Moctezuma ou Atahualpa retenus en otages, l'Etat entier est paralysé. Les grands empires centralisés sont rapidement conquis car, pour leurs populations strictement hiérarchisées, un maître remplace l'autre. Au contraire, les Indiens dits «sauvages», comme les Araucans du Chili ou les Chichimèques du nord du Mexique, plus insaisissables, restent longtemps insoumis. Mais, alors qu'au Mexique la résistance prend fin dès la reddition de Tenochtitlán (1521), dans les Andes, elle ne cesse de se développer avec Manco Cápac II et ses successeurs, jusqu'à l'exécution, en 1572, du dernier Inca, Túpac Amaru Ier. Deux siècles plus tard, un descendant des Incas, sous le nom de Túpac Amaru II, prendra la tête de la rébellion contre l'ordre colonial.

La vision des vaincus
Le chroniqueur péruvien Poma de Ayala nous a laissé le récit du guet-apens de Cajamarca et de ses suites : «C'est ainsi que les cavaliers commencèrent, ils tirèrent leurs arquebuses, ils donnèrent l'assaut, et ces soldats se mirent à tuer les Indiens comme des fourmis ; il y avait la peur des arquebuses, le bruit des grelots et des armes, et ce qu'aucun homme n'avait jamais vu : la place de Cajamarca pleine d'Indiens. Ses murs furent détruits. Et ils se tuèrent entre eux à force de se piétiner et de se presser, les chevaux trébuchaient, les Indiens moururent en si grand nombre qu'on ne put les compter. Parmi les Espagnols, cinq moururent de leur propre faute car les Indiens étaient trop terrorisés, aucun n'osa les tuer... Ainsi don Francisco Pizarro et don Diego de Almagro arrachèrent-ils l'Inca Atahualpa de son trône. Il en fut tout éploré, dépossédé de sa majesté, dépouillé de son trône et de son royaume. Atahualpa étant captif, ils lui dérobèrent tous ses biens, ils lui prirent toutes ses richesses du temple du Soleil. On lui ôta tous ses serviteurs et même sa femme légitime.»

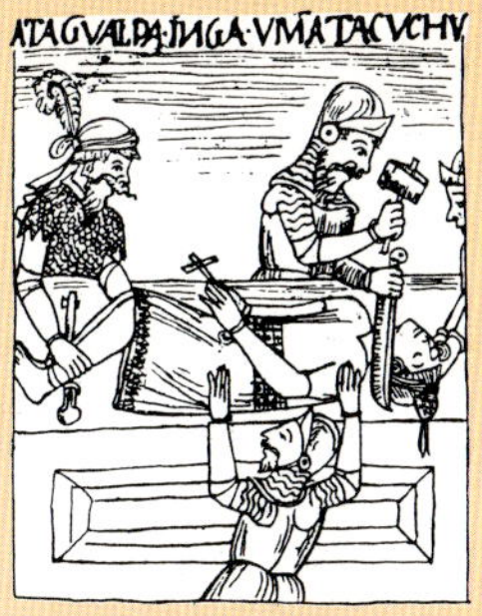

Aguirre le fou
L'expédition partie en 1554 du Pérou vers **El Dorado** tourne à l'épopée tragique le long de l'Amazone. **Lope de Aguirre** tue son chef et instaure autour de lui un régime de terreur. Il se dit rebelle jusqu'à la mort à cause de l'ingratitude du roi d'Espagne. Soixante des trois cents participants et sa propre fille métisse périssent, victimes de sa barbarie. Ce personnage a inspiré les cinéastes **Werner Herzog** («Aguirre ou la Colère de Dieu») et **Carlos Saura** («El Dorado»).

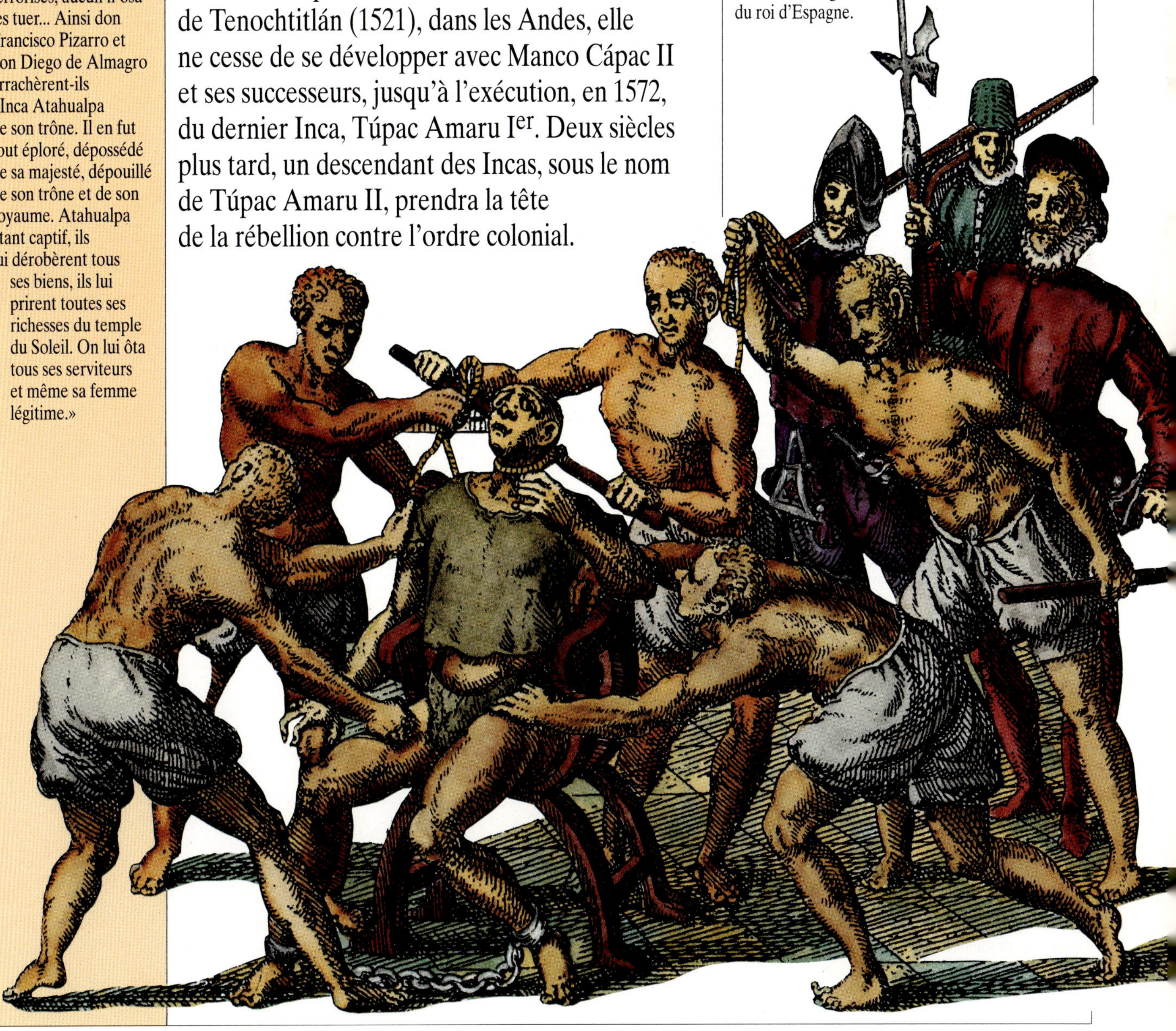

Les hommes
Les conquistadores sont d'origines diverses : les paysans et les simples soldats, nombreux, se mêlent à quelques membres de la petite noblesse. Ils viennent surtout des régions les plus pauvres d'Espagne. La conquête est donc d'abord pour eux une chance d'améliorer leur sort et de s'enrichir. L'idéal religieux n'est évidemment pas leur motivation première.

L'expédition
La conquête est une entreprise privée, financée par des particuliers et non par la Couronne. Si un capitaine décide d'organiser une expédition au départ de l'Espagne ou des Indes occidentales, il lui faut d'abord obtenir du roi une autorisation et lui réserver en contrepartie le cinquième du butin à venir : le «quinto real». C'est au capitaine de rassembler les hommes et le matériel. Chaque membre de l'expédition contribue selon ses moyens, les plus fortunés apportant leurs armes ou leur cheval. Des marins, des artisans, des religieux et les officiers chargés de percevoir le «quinto real» sont aussi du voyage.

Des aventuriers cupides
Quand ils se battent, les conquistadores défendent à la fois leur vie, ce qu'ils ont investi dans l'entreprise et ce qu'ils espèrent y gagner. Individualistes, ils sont prêts à défendre âprement «leurs» conquêtes. Aussi les déchirements sont-ils fréquents à l'heure du partage du butin. Plus tard, devenus colons, ils résistent aux ordres et au contrôle que tente de leur imposer la lointaine métropole.

Le «requerimiento»
Les Espagnols expliquent aux Indiens que le pape a confié leur territoire au roi de **Castille** et qu'ils doivent se soumettre à lui, s'ils ne veulent pas la guerre. «Le pape devait être ivre quand il a donné au roi ce qui ne lui appartenait pas», répondirent des Indiens de **Colombie**.

Honneur et profit

Naufrages, embuscades et sacrifices guettent le conquistador qui s'aventure dans des espaces immenses, inconnus et souvent hostiles. Que cherche-t-il ainsi au péril de sa vie ? Avant tout, des trésors. Mais, s'il quitte sa terre et les siens, c'est aussi parce qu'il espère recevoir pour prix de ses efforts des terres, des esclaves, des titres. Il convoite la richesse et le pouvoir : «honra y pro» (honneur et profit). Il est prêt à tout pour ce rêve, même s'il doit le mener à la mort.

A la recherche d'El Dorado
Une tribu, disait-on, recouvrait chaque année de poudre d'or le corps de son cacique. Puis, «el dorado» («le doré») montait sur un radeau et lançait des objets d'or et des pierres précieuses en offrande aux dieux dans un lac, avant de se baigner dans ses eaux. La recherche de cette tribu et de son pays légendaire a suscité de multiples expéditions. Surtout à partir de 1537, lorsque **Gonzalo Jiménez de Quesada** découvre le royaume **chibcha** de Colombie, avec son orfèvrerie raffinée. Mais toutes les tentatives sont vouées à l'échec ou même tournent au désastre. Victimes de la faim, du climat, des attaques des Indiens, les conquistadores ne découvriront jamais ce lieu fantastique. Les géographes européens dessinent pourtant des cartes représentant des sites imaginaires que l'on dit proches d'El Dorado, telle la **cité de Manoa** au bord de la mythique **lagune de Parime**. La quête d'El Dorado fera beaucoup pour l'exploration des territoires du Nouveau Monde, en particulier celui de l'actuel **Venezuela**.

Légendes de la conquête

L'esprit du découvreur est tout imprégné de traditions du Moyen Age. Il croit à l'existence de toutes sortes de créatures fantastiques, telles que les géants, les monstres ou les cyclopes. Il s'attend à les rencontrer sur les terres inconnues où il s'aventure. Ainsi, dans la mer des Antilles, Christophe Colomb se figure voir trois sirènes émerger des flots et il les trouve d'ailleurs moins belles que ne le laissait entendre leur réputation. Découvrant l'Orénoque en 1494, il est subjugué par la beauté des terres bordant ses rives, la forêt luxuriante et la douceur du climat et veut y reconnaître l'image du paradis terrestre... Quand le chroniqueur Bernal Díaz del Castillo, compagnon d'Hernán Cortés, contemple la splendeur de Mexico, sa vision lui paraît tirée d'un roman de chevalerie.

Le Nouveau Monde, encore plein de mystère, fait renaître les légendes antiques et médiévales. En 1540, l'explorateur Francisco de Orellana pense apercevoir des Amazones et il baptise de leur nom le plus grand fleuve d'Amérique du Sud. D'autres partent en quête de la fontaine de Jouvence, source d'éternelle jeunesse, ou recherchent fiévreusement El Dorado. Tous ces mirages sont à l'origine d'expéditions parfois sanglantes explorant le continent en tous sens. Les conquistadores croient aux miracles. Au cœur des batailles, il leur arrive de voir apparaître la Vierge ou saint Jacques, surgis pour les secourir. Quant aux prophéties indiennes sur le retour d'un dieu blanc, elles sont interprétées par les Espagnols comme le souvenir de saint Thomas, venu prêcher en Amérique bien avant sa découverte.

«Ils s'avançaient à grandes enjambées dans les terribles cordillères, dans les Amériques mal léchées, cherchant des pommes de terre, des saucisses, des haricots, du tabac noir, de l'or, du maïs, des œufs sur le plat, avec cet appétit vorace qu'on n'a plus revu sur cette terre...» (**Pablo Neruda**, «J'avoue que j'ai vécu»). Le paysage américain recelait bien d'autres richesses que l'or : la **tomate**, le **cacao**, la **vanille**, l'**avocat**, l'**ananas**...

Le Nouveau Monde et ses héros
Le surnaturel règne dans les deux camps. Les Indiens racontent que, lors de la conquête du **Guatemala** (en 1524), le héros **Tecum Uman**, métamorphosé en oiseau, s'abattit sur le conquistador **Pedro de Alvarado**, dont il décapita le cheval…

Un compagnon de Francisco de Orellana écrit : «Les Amazones sont très grandes et très blanches. Elles ont les cheveux très longs. Elles sont vigoureuses et vont toutes nues. Munies d'arcs et de flèches, elles sont plus guerrières que dix Indiens réunis».

On raconte aussi qu'elles conçoivent des enfants avec des captifs de guerre. Les garçons sont étranglés à la naissance ; aux filles, elles brûlent le sein droit pour empêcher qu'il ne les gêne pour tirer à l'arc. Elles tuent leurs ennemis en les pendant par une jambe avant de les percer de flèches et de les brûler. Issues de la mythologie grecque, elles offrent l'image d'un monde à l'envers qui fascine les voyageurs.

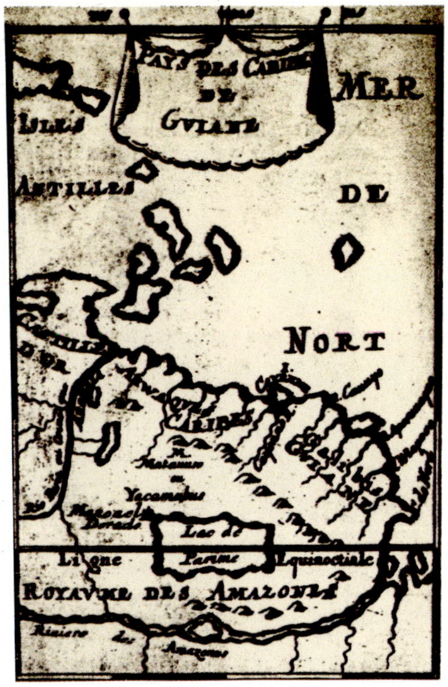

Géographie du merveilleux
Découvrir un lieu, c'est aussi lui donner un nom.
Les **toponymes** (noms de lieux) américains se font l'écho des rêves et des méprises des conquistadores, qui commencent avec les termes d'«Indes» et d'«Indiens» appliqués aux nouvelles terres et à leurs habitants. Quant au mot **Antille**, c'était le nom d'une grande île imaginaire figurant sur les cartes du Moyen Age et parfois identifiée à l'île des sept cités enchantées de **Cibola** : selon la légende, sept évêques fuyant l'invasion de l'Espagne par les **Maures** au VIIIe siècle y avaient trouvé refuge. En 1542, la **Californie** reçoit son nom, tiré d'un célèbre roman de chevalerie du XVIe siècle où il désigne une île fabuleuse peuplée de femmes guerrières. Autres lieux évocateurs : **Boca del Dragon** («gueule du dragon»), près des côtes vénézuéliennes ; ou encore le **Río de la Plata** («fleuve d'argent»), dont la réputation attire les aventuriers sur les terres de l'**Argentine**. «Comme ils crurent seulement l'incroyable, il se réalisa. Ils dépassèrent les limites des rêves, et la mer, et l'impossible.» (**Manuel Machado**).

Ces découvertes frappent l'imagination et des traces en persistent encore de nos jours dans le langage : ainsi, l'expression «ce n'est pas le Pérou !», qui sert à désigner une chose sans grande valeur, est une allusion directe aux fabuleuses richesses minières de ce pays.

La loi du plus fort

A première vue, la disproportion numérique entre les deux camps ne devrait laisser aucune chance aux conquistadores : ne sont-ils pas quelques centaines contre des centaines de milliers d'Indiens ? Les indigènes ont d'autres grands atouts : ils connaissent et maîtrisent leur territoire, les groupes les plus organisés disposent d'armées rompues aux combats locaux.
Et pourtant, l'affrontement tourne à l'avantage des envahisseurs… La supériorité technique des armes espagnoles y est pour une bonne part. Les conquistadores obtiennent aussi des renforts considérables en ralliant à leur cause les ennemis des Empires aztèque ou inca. Ruse et diplomatie leur sont également d'un grand secours. Enfin, les conquérants sèment la mort par leur seule présence : les maladies qu'ils apportent en Amérique déciment les Indiens (typhus, variole, rougeole ou simple grippe). Les facteurs psychologiques interviennent aussi. Les étrangers sont terrifiants. Leur arrivée, associée au retour des dieux, engendre le doute et l'effroi. Au génocide provoqué par les guerres, les maladies, les travaux obligatoires, s'ajoute l'anéantissement du mode de vie préhispanique. Seul un Indien sur dix survivra à ce choc.

Les armes
Les conquistadores font peur. Ils arrivent sur les côtes dans d'immenses «maisons sur l'eau», leurs corps semblent ne faire qu'un avec les «cerfs» étranges qu'ils chevauchent, de féroces animaux les escortent… Les bateaux, les chevaux, les chiens, pourtant en petit nombre, frappent l'imagination des Indiens. Les étrangers de plus, arborent des armes variées : canons, **arquebuses** et **mousquets**, armes blanches (épées et poignards), **arbalètes**, arcs et lances. Ils protègent leurs corps couverts de cuirasses à l'aide de boucliers et portent des casques de métal. L'armement des Indiens est bien inférieur, tant pour l'attaque que pour la défense. Certes ils connaissent l'arc, les flèches empoisonnées et la lance, auxquels s'ajoutent les haches, les massues, les frondes et les javelots, mais ils ne possèdent ni chevaux ni artillerie. Les Aztèques portent pour se protéger une tunique rembourrée que les conquistadores ne tardent pas à leur emprunter. Cependant, l'équipement de leurs guerriers est plus symbolique qu'efficace : casques et boucliers richement ornés de plumes et de pierres précieuses servent surtout à distinguer les chefs, ceux qui se sont illustrés par leurs exploits (en particulier par le nombre de prisonniers qu'ils ont réussi à capturer). Les Indiens ne sont pas seulement victimes du pouvoir destructeur des armes européennes. L'idée qu'ils ont de la guerre et de ses rites les paralyse et les rend totalement vulnérables face aux pratiques guerrières des envahisseurs.

La guerre aztèque
Les Aztèques essaient d'abord d'obtenir la soumission pacifique des cités qu'ils veulent intégrer à l'empire : des ambassades successives fixent des délais au-delà desquels la guerre sacrée est déclenchée. Ils emploient donc une stratégie dénuée de tout effet de surprise. L'assaut, ensuite, sert avant tout à se procurer des prisonniers destinés au sacrifice : on ne cherche pas à tuer l'adversaire, mais à le capturer. Dès que le temple est pris, la cité attaquée se rend et négocie le montant du tribut qu'elle versera au vainqueur. Les «dieux blancs» ne suivent en rien ces règles traditionnelles. Ils n'hésitent pas à massacrer l'adversaire.

Les alliés indiens
Quand, après le désastre de la «Noche triste», Cortés revient assiéger Mexico, ses troupes comptent 80 000 alliés indigènes. Ils ont participé aux préparatifs du siège, en particulier à la construction de **brigantins** (petits navires à voiles), et ils ont fourni des centaines de canots. Hostiles aux Aztèques, ces groupes combattent pour les détruire et aussi pour recevoir ensuite leur part du butin. Le **Lienzo de Tlaxcala**, document élaboré après la conquête pour défendre les privilèges dont jouissait la ville de Tlaxcala en raison de son ralliement aux Espagnols, met en valeur l'action des alliés **tlaxcaltèques** (ci-contre).

michvacá.

Le génocide
Combien d'Indiens périrent des suites de la conquête ? Il faudrait connaître, pour le calculer, l'importance exacte de la population américaine auparavant. Or les estimations varient de treize à... cent millions d'habitants pour l'ensemble du continent. Au Mexique, on suppose que les Indiens étaient vingt-cinq millions avant la conquête ; il n'en restait plus que dix-sept millions en 1532 et deux millions en 1585 !

Une chose est sûre, c'est que le chiffre de la population indienne d'Amérique a diminué de 90 % en moins d'un siècle. Cet effondrement démographique fut dénoncé par les reiigieux, dont Las Casas, qui en rendirent les Espagnols responsables.

Malinche
faisait partie des vingt femmes indiennes offertes à Cortés après la bataille de **Tabasco** (1519). Grâce à Malinche, qui parlait le **maya** et le **nahuatl**, Cortés put communiquer sur les terres de Moctezuma. L'Indienne devint son inséparable compagne et, par ses informations, traductions et conseils, elle eut une influence certaine sur le déroulement de la conquête. Elle eut de Cortés un fils nommé Martin.

L'ŒUVRE DE SAHAGUN
Le frère franciscain **Bernardino de Sahagún** arrive en Nouvelle-Espagne à 30 ans en 1530. Il consacre dès lors toute son existence à l'étude des antiquités mexicaines. Au départ, son intention est de mieux connaître l'idolâtrie pour mieux la combattre.

Il interroge les Indiens âgés, survivants de la conquête, et réunit ainsi une somme monumentale d'informations sur le monde aztèque. Il est aidé dans son enquête par des élèves indigènes du collège Santa Cruz de **Tlatelolco** qui connaissent à la fois le latin et le nahuatl, la culture classique et l'écriture pictographique. Pendant quarante ans, Sahagún transcrit ces témoignages.

Connaître les vaincus

La conquête est aussi religieuse. Les rois d'Espagne ont l'obligation de convertir à la foi catholique les peuples découverts. L'évangélisation bouleverse profondément les mentalités indigènes.
Les temples sont détruits et on érige à leur place des églises chrétiennes.
Mais les missionnaires, pour extirper les croyances et les rites du passé, doivent connaître les langues locales et l'univers préhispanique. Proches des vaincus, ils deviennent souvent leurs protecteurs. Nous leur devons une très grande partie de nos connaissances sur l'Amérique précolombienne.

libro decimo delos vicios y virtudes desta gente indiana y delos miembros de todo el cuerpo interiores y esteriores y delas enfermedades y medicinas contrarias y delas nationes que a esta tierra an venido a poblar

Libro vndecimo

¶ Ay vna rays que sellama. tecpatli otecpaolotl es pegaxosa como liga es delamanera dela rays del xabon. Es medicinal para las quebraduras dehuesos, y tambien vsan della como de liga para tomar aves, vntan conella pajas largas, y ponen las donde comen obeuen las aves, y con esto las toman, tambien llaman aesta liga tlaçali porque es muy pegaxosa.

¶ Ay otra yerua que sellama hyiamoli. En ellas se hazen vnas maçanjtas negras y son muy amargas son medicina dela caspa dela cabeça.

Vauhquilitl.

¶ Tecpatli, tecpaolotl, çaçaltic: auh çan no iuhquj mamolli, p... tequjxpatli: In aquJn moporteq... imoqujçaloque moquappatzoa icmopepetzoa intecpatli: yoa tlamaloni, tlatlamaloni. ic maci in totome: çacatitech mo piloa incanjn imatlian, in tla quaian totome: oncan mo ma mana ic mahci, icmoçaloa: ic mjtoa. motzcaiotia: tlaçcalli. caçenca çaçaltic yoa icmoça loa in totome; tetech moçhioa. çaçalivi. ni tlatecpavia, njtec pavia, njtlatlaçalhuja.

¶ Yiamoli, catzaoac: injquauhio pipiaztic, qujltic: injxiuh io tzotzotlaca, ixpipitzaoac, ca capollo, camopaltic; injcacapol lo: quatequjx icivizpatli inj cacapollo.

¶ Acocotli

petzicatl

LE CODEX DE FLORENCE
Ce fabuleux manuscrit, richement illustré, comporte les textes de l'enquête de Sahagún. Ses douze livres offrent une encyclopédie inégalée sur le monde aztèque. Tous les aspects sont traités : la religion, le calendrier, les fêtes et sacrifices, la philosophie, l'histoire, la vie quotidienne, la médecine, l'agriculture, les arts et les techniques, la faune, la flore... Par sa rédaction bilingue, c'est un précieux document pour l'étude de la langue nahuatl. Mais les manuscrits furent confisqués : on estimait que garder la mémoire des anciennes croyances pouvait favoriser leur survie.

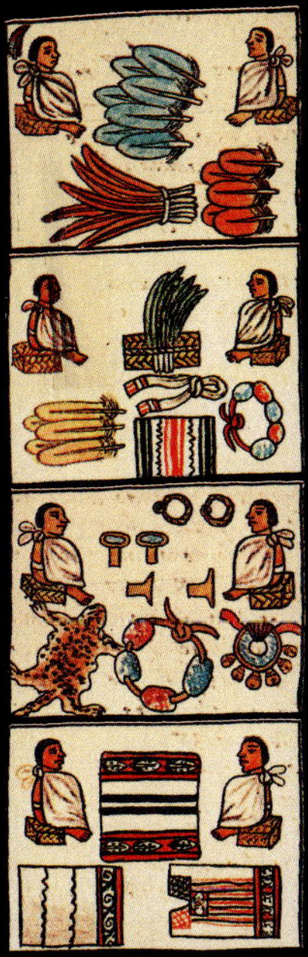

Il existe des centaines de langues préhispaniques. La première difficulté des religieux est de communiquer avec les Indiens : ils doivent les comprendre et se faire comprendre d'eux. Aussi s'efforcent-ils de dominer les langues les plus répandues et d'écrire des grammaires et des dictionnaires. Ils traduisent pour les Indiens les sermons et les catéchismes. La pratique des langues principales est ainsi durablement préservée.

L'évangélisation s'effectue aussi par la manière forte : rechercher les anciens codex, les brûler, punir ceux qui les cachent. détruire les temples et les idoles. Les résultats demeurent cependant superficiels. Les divinités anciennes transparaissent sous le culte de la Vierge Marie ou des saints. Les sacrifices animaux remplacent les sacrifices humains.

La lutte pour la justice
Avec la conquête prend naissance un débat dont les grandes lignes peuvent se résumer ainsi : l'Indien est-il un être libre, ayant des droits, ou un être inférieur, esclave par nature ? La guerre menée contre lui est-elle juste ou non ? Le dominicain **Francisco de Vitoria** analyse les cas où la conquête est légitime et affirme l'égalité de tous les hommes devant Dieu, jetant ainsi les bases du droit international moderne. Bartolomé de Las Casas, pour sa part, plaide infatigablement la cause des Indiens. Il est l'instigateur de lois protectrices, dont l'application se heurte à l'hostilité des colons.

Le Paléolithique
Plus de 30 000 ans avant notre ère, les premières vagues de peuplement du continent ont lieu à partir du **détroit de Béring**. La «grotte de mains» en **Patagonie** (Argentine) illustre l'art des chasseurs préhistoriques.

Les Olmèques
La sédentarisation, la vie villageoise et les échanges se répandent. Les techniques se perfectionnent. Les Olmèques, sur la côte du **golfe du Mexique**, donnent naissance, vers 100 av. J.-C., à la civilisation méso-américaine. On leur doit d'énigmatiques sculptures colossales de roche volcanique, pesant jusqu'à dix-huit tonnes.

- 300 PRE-CLASSIQUE - 1200 NEOLITHIQUE - 3000 MESOLITHIQUE - 7000 PALEOLITHIQUE AMERICAIN - 30 000

Les débuts de l'agriculture s'accompagnent de l'apparition des premiers villages. Vers 3000 av. J.-C., la céramique apparaît dans les Andes, à **Valdivia**, le plus ancien site précolombien du Chili, où l'on retrouve des figurines modelées en argile et cuites.

Les arts textiles se développent : tissus de la nécropole de **Paracas** (Pérou).

Les peuples aztèque et inca qui éblouirent les conquistadores n'étaient, somme toute, que des «nouveaux venus» installés sur leur territoire depuis deux siècles à l'arrivée des Espagnols. Avant eux, bien d'autres groupes s'étaient succédé depuis des millénaires, laissant aussi leur trace sur le vaste continent américain. L'archéologie révèle comment évoluèrent ces civilisations précolombiennes.

Figurine souriante en terre cuite fabriquée au Mexique à l'époque classique.

De prestigieuses civilisations, comme celle des **Mayas** du Yucatán ou celle de **Teotihuacán** sur le plateau central mexicain, atteignent leur apogée à l'époque classique. Les cités sont dotées de temples et de palais monumentaux.

La conquête
1492 : premier voyage de Colomb.
1494 : traité de **Tordesillas**.
1500 : découverte du Brésil.
1519-1521 : Cortés conquiert le Mexique des Aztèques, mort de Moctezuma.
1532-1533 : Pizarro conquiert le Pérou des Incas, mort d'Atahualpa.
L'empire espagnol d'Amérique durera trois siècles.

EPOQUE COLONIALE 1492 EXPANSION MILITAIRE 900 CLASSIQUE - 300

Les sociétés guerrières
A partir de 900 apr. J.-C., les **Toltèques** de **Tula** au Mexique développent le culte du dieu Quetzalcóatl. Les Etats régionaux se renforcent dans les Andes : le royaume **chimú** produit une orfèvrerie florissante. Puis, au XVe siècle, Aztèques et Incas forment, par l'expansion militaire, de grands empires centralisés.

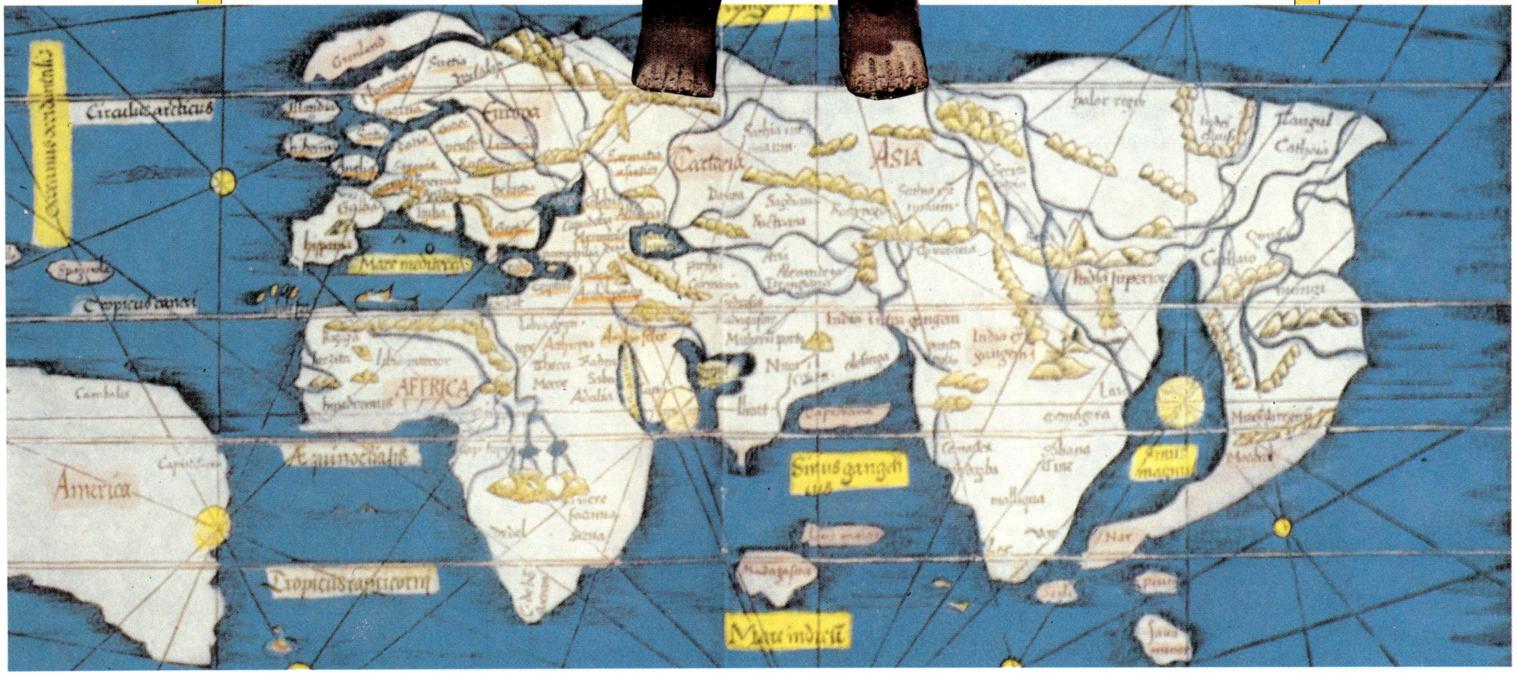

L'Amérique espagnole et portugaise

La danse des Maures et des Chrétiens commémorait la victoire des **Espagnols** sur les **Arabes**. Importée en **Amérique**, elle symbolise celle des **conquistadores** sur les **Indiens** qui l'adopteront. Une barbe postiche les fait ressembler aux soldats de **Cortés**.

Durant trois siècles, Espagnols et Portugais dominent des territoires gigantesques malgré leur petit nombre, l'hostilité des populations et les difficultés de communication. Ils imposent aux peuples indigènes leurs langues et leur religion mais ceux-ci, à force de résistance, sauvegardent une partie de leur patrimoine. Le métissage biologique et culturel qui en est résulté est à l'origine de l'Amérique latine actuelle.

Un saint peu catholique
Au **Guatemala**, dans le village de **Santiago Atitlán**, dont le nom est un mélange d'espagnol et de langue indigène, les habitants vénèrent **Maximón**. Ce dernier est un saint, non reconnu par l'Eglise, qui aime boire, fumer le cigare et qui apprécie la bonne chère. Il rappelle d'anciens dieux indiens.

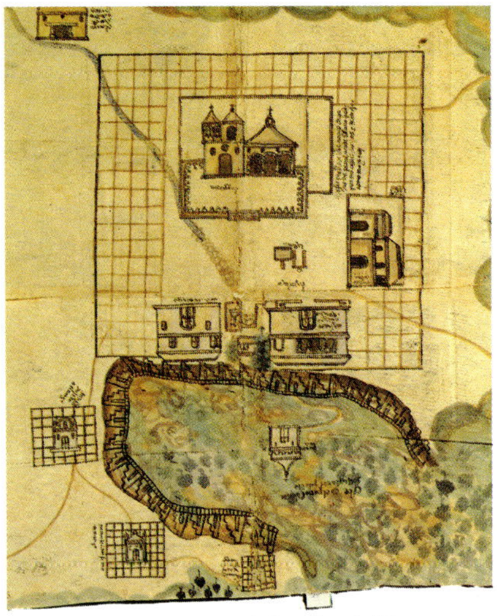

Plan d'une ville coloniale
Les villes d'Amérique latine bâties par les Espagnols sont toutes fondées sur un plan en damier avec, au centre, la place d'armes et l'église. Les plus importantes disposent d'une mairie et d'un palais pour le représentant du roi. Les rues sont larges. Pour se protéger du soleil, on construit des arcades.

Le plan de **Teotenango**, au **Mexique**, dessiné en 1580, montre, sous la ville espagnole dominée par une vaste église, les ruines de la cité préhispanique abandonnée par ses habitants. Souvent, les Indiens ont été obligés de quitter leurs maisons pour se regrouper dans les villes nouvelles tracées par les conquérants.

Un réseau de villes

Afin de maîtriser et de mettre en valeur les terres qu'ils viennent de conquérir, les Espagnols et les Portugais fondent des centaines de villes. Il s'agit pour eux de marquer leur territoire, mais aussi de surveiller les Indiens souvent hostiles, d'établir des centres de commandement et d'exploiter les ressources du continent. Ils prennent pour modèles les villes dont ils sont originaires. C'est pourquoi les cités d'Amérique latine ressemblent tant à celles d'Espagne et du Portugal.

La «plaza mayor» (place d'armes) est le cœur de la ville. Là se tient le marché, se déroulent les fêtes et les cérémonies; les Espagnols et les Portugais y paradent dans leurs carrosses. Les trois pouvoirs sont représentés sur la «plaza mayor» : celui du roi, par l'intermédiaire du palais du gouverneur, celui de l'Eglise, par la cathédrale, celui de la ville avec la maison de la municipalité.

Ces trois pouvoirs ne font pas toujours bon ménage et les conflits sont nombreux durant toute l'époque coloniale. Au Mexique, la place centrale est appelée «zocalo», ce qui veut dire : le socle. Ce nom aurait pour origine le socle qui supportait la statue équestre de **Charles IV**, roi d'Espagne au XVIIIe siècle, ou peut-être le mot «souk» (le marché, en arabe), déformé par les Espagnols.

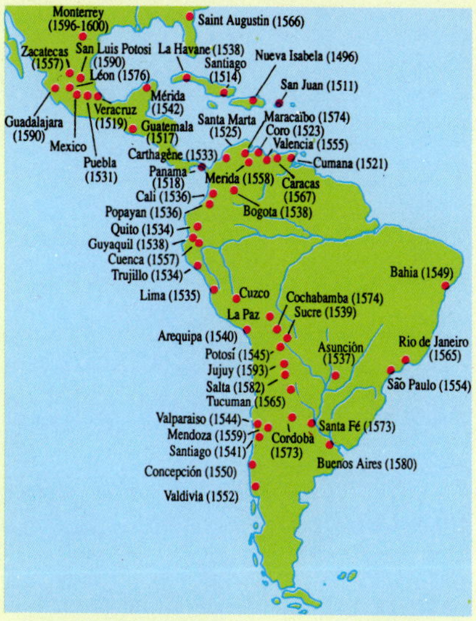

La ville, où résident le gouverneur, les juges, les autorités civiles et religieuses, est le symbole de la colonisation. Le vice-roi, qui représente le souverain au Nouveau Monde, vit dans un palais près de la cathédrale, pour rappeler que la conquête est aussi une affaire spirituelle. Les deux capitales de l'Empire espagnol sont Mexico, fondée sur les ruines de l'ancienne Tenochtitlán, et Lima, au Pérou. Au Brésil, la première capitale, Salvador de Bahia, est remplacée en 1763 par Rio de Janeiro pour permettre à la Couronne portugaise de mieux contrôler le flux de l'or.

Dans la vie quotidienne des citadins, les fontaines jouent un rôle essentiel : points de ravitaillement en eau potable, elles servent aussi de lieux de réunion, d'échange et d'information. Dans les quartiers qui en sont dépourvus – ils sont nombreux –, le porteur d'eau va, avec ses cruches en terre cuite, de maison en maison et colporte en même temps les nouvelles du jour. La ville impose le mode de vie européen, mais les Espagnols habitent au centre et les Indiens à la périphérie, dans des quartiers bien séparés. Les jours de marché, pourtant, tous se retrouvent sur la grande place, près de la fontaine et de l'église.

Des sites inhospitaliers
Lorsque l'on fonde une ville, le choix de son emplacement est parfois un problème délicat. Les Européens s'installent d'abord au bord de la mer, dont le climat chaud et humide ne leur est pas toujours favorable. Au Mexique, les conquérants choisissent les hauts plateaux. Dans les **Andes**, où les Indiens vivent très haut dans la montagne, les Espagnols, désireux d'exploiter la main-d'œuvre indigène, doivent s'habituer à des conditions de vie difficiles : **La Paz**, en **Bolivie**, est située à plus de 3500 m d'altitude. Les villes ainsi créées sont souvent exposées aux catastrophes : Mexico reste inondée pendant six ans au XVIIe siècle et la ville de **Guatemala** devra changer trois fois de place à cause des tremblements de terre. Le danger demeure de nos jours, ainsi que l'a tragiquement rappelé, en 1985, le séisme qui détruisit Mexico.

Les étapes de la conquête se reflètent dans les dates de fondation des villes. Les Espagnols parviennent à créer un véritable réseau urbain dès la fin du XVIe siècle. Les Portugais, eux, restent sur la côte, pour garder le contact avec la métropole.

Le blason de Mexico est un mélange d'éléments espagnols et indiens. On y voit l'aigle et le cactus de la légende **aztèque**, mais aussi des lions et des couronnes, symboles royaux venus d'Espagne. Les villes illustres portent le titre de «très noble et très loyale».

L'or et l'argent du Nouveau Monde enrichissent les Espagnols, qui s'entourent d'objets de luxe. Les joyaux de cette époque attestent que les artisans sont passés maîtres dans l'art de travailler les métaux précieux. Mais cette richesse imprévue provoque la ruine de l'Espagne : l'inflation ronge les revenus et l'industrie nationale disparaît au profit de concurrents étrangers, comme l'**Angleterre** et la **Hollande**, dont les produits sont meilleur marché.

Triste Eldorado

Les mines du Potosí en Bolivie, celles de Taxco au Mexique ou du Minas Gerais au Brésil, ont comblé les espoirs de richesse des conquérants. On évalue à quelque trois cents tonnes d'or et vingt-cinq mille tonnes d'argent les quantités de métaux précieux exportées vers l'Espagne entre 1503 et 1660. L'Eldorado tant recherché gît au fond des mines. Les Indiens en font la terrible expérience en travaillant jusqu'à la mort pour financer les guerres européennes de Charles Quint et de Philippe II.

Les mines appartiennent au roi, qui accorde au mineur le droit d'exploiter le sous-sol. En contrepartie, la Couronne reçoit le cinquième du métal découvert, ce que l'on appelle le «quinto real». Les mineurs les plus riches fondent des dynasties et aident le roi financièrement en échange d'un titre de noblesse.

La méthode de l'amalgame
Dans les **haciendas** spécialisées, comme on le voit ci-dessus, on mélange du **mercure** au minerai pour provoquer l'amalgame avec l'argent, puis on nettoie le tout à grande eau afin de récupérer le mélange. Celui-ci est alors porté à ébullition : le mercure s'évapore et on récupère l'argent pur. Cette technique est rentable, mais les Indiens condamnés à piétiner le mercure, toxique, pour le mélanger à la terre ne vivent jamais vieux.

Le mirage de l'or, aujourd'hui encore, lance des milliers de miséreux à la recherche de la fortune. Au Brésil, la **serra Pellada** est une immense mine à ciel ouvert où s'agglutinent des fourmis humaines plus assurées de ramener la **malaria** que des pépites d'or. Les conditions de vie sont précaires et les instruments de travail rappellent ceux de l'époque coloniale. Les quelques grammes de métal précieux arrachés à la terre sont vite dépensés pour boire et oublier la misère.

Les diamants du Brésil (ci-dessus) et les **émeraudes** de **Colombie** sont d'autres richesses minières du Nouveau Monde.

Les galeries des mines de Potosi, en Bolivie, situées à 4 000 m d'altitude sur des terres glacées, sont meurtrières.

A l'époque coloniale, on y travaillait cinq jours et cinq nuits d'affilée et chaque mineur devait ramener à la surface vingt-cinq paniers de cinquante kilos de minerai par journée de travail. Les accidents étaient nombreux et les punitions sévères.

Beaucoup d'Indiens préfèraient se suicider plutôt que de travailler dans de pareilles conditions, pendant que leur famille mourait de faim..

Pesos et dollars La monnaie d'argent espagnole qui excite la convoitise des pirates servira de modèle aux Nord-Américains, après leur indépendance,

pour battre leur propre monnaie. Selon la formule latine «nec plus ultra» («et pas plus loin»), on ne pouvait pas franchir les **colonnes d'Hercule**, c'est-à-dire le **détroit de Gibraltar**. Le symbole actuel du dollar est dérivé de la monnaie espagnole où l'on voit représentées les colonnes d'Hercule, ornées de la devise «plus ultra» («plus loin»), preuve que le détroit de Gibraltar était vaincu et que la Méditerranée s'ouvrait sur l'Atlantique.

Pirates et corsaires sont nombreux à s'attaquer aux lourds **galions** de la flotte espagnole et même aux villes de la côte. Parmi les plus illustres, on compte **Francis Drake** qui, en 1573, pille le port de **Nombre de Dios** (Panamá). En 1585, il rançonne **Carthagène** (Colombie) puis incendie **Saint-Domingue** (Haïti). Anobli par la reine **Elisabeth Ire** en récompense de ses exploits, il trouve la mort lors d'une ultime expédition en 1596.

L'île de la Tortue sert de refuge à nombre d'aventuriers, tout comme beaucoup d'îles des **Antilles**.

Le voyage
A l'aller, on se laisse guider vers le sud par les alizés en faisant une escale aux **Canaries**. Au retour, on prend la route du nord porté par les vents dominants de cette zone. Il faut à tout prix éviter la **mer des Sargasses** où l'absence de vent immobilise les navires durant de longues journées.

La «Carrière des Indes»

Les empires américains de l'Espagne et du Portugal survivront pendant des siècles grâce aux liaisons permanentes établies entre les métropoles et leurs colonies. Il faut pourtant plusieurs mois pour accomplir le voyage entre Séville en Espagne et Veracruz au Mexique, ce que l'on appelle alors la «Carrière des Indes». Le métier de marin est difficile : chaque voyage coûte la vie du quart des équipages au moins. La réputation actuelle du triangle des Bermudes provient peut-être de ce que nombre de vaisseaux ont coulé dans ces parages, pris dans les cyclones ou attaqués par des pirates.

Séville restera longtemps la seule ville autorisée par la Couronne à commercer avec l'Amérique. La «casa de contratacion», ou «chambre de commerce» de Séville, fondée en 1503, organise le départ des flottes et s'occupe de toute l'administration des voyages. Elle est aussi chargée de percevoir les impôts sur les marchandises débarquées et assume la responsabilité de la formation des pilotes. C'est l'administration la plus complexe de son époque. Aujourd'hui, ses bâtiments servent à entreposer les archives des Indes : des milliers de parchemins dorment dans les rayonnages et attendent d'être lus par des universitaires ou des chercheurs de trésors.

Les flottes
Afin de réduire les risques du trajet entre l'Amérique et Séville, et de lutter contre la contrebande, les Espagnols instituent le système des flottes : les bateaux doivent se rassembler pour faire la route ensemble, en suivant le chemin tracé par **Christophe Colomb**. Les vaisseaux de la «Carrière des Indes» font plusieurs fois l'aller-retour avant de sombrer ou d'être démolis. Arrivés chargés d'or et d'argent, ils ne retournent pas vides en Amérique. L'Espagne et le Portugal, en effet, profitent de leur situation dominante pour vendre au Nouveau Monde les produits de la métropole : vin, huile, meubles, chaussures, draps et soieries.

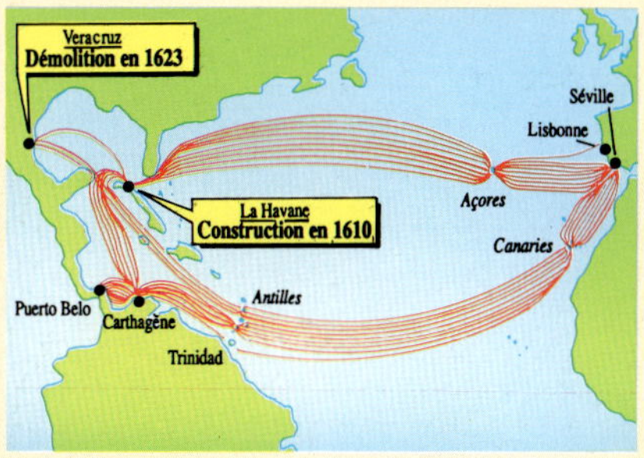

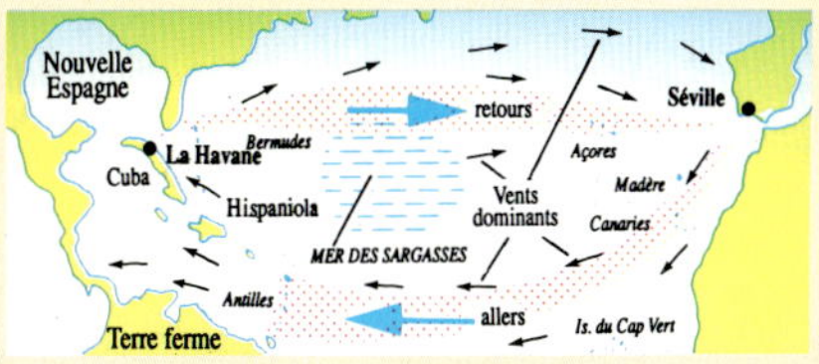

Une société de castes

L'Amérique est une terre de conquête sur laquelle doivent coexister peuples vaincus et conquérants. La société coloniale tout entière est donc fondée sur une profonde inégalité de traitement entre les différentes communautés : les Espagnols et les Portugais imposent leurs coutumes et leurs lois ; les Indiens, vaincus et humiliés, sont considérés comme des êtres inférieurs. En Espagne, existe la tradition de la «pureté du sang» : pour accéder à certains postes, il faut prouver que l'on est chrétien depuis plusieurs générations et que l'on n'a pas de sang juif ni arabe dans les veines. Ces discriminations sont appliquées au Nouveau Monde contre les Indiens et les esclaves noirs. En fait, la Couronne craint les métis qui n'appartiennent à aucun groupe et qui, à ses yeux, menacent l'ordre établi ; elle limite donc le plus possible les mariages entre communautés.

Le métissage
Au XVIIIe siècle, les Espagnols élaborent des nomenclatures du métissage. Au sommet de la hiérarchie, se trouvent les Blancs. Le fils d'un Espagnol et d'une Noire est appelé un **mulâtre**, celui d'un Espagnol et d'une mulâtresse, un «**morisco**», et celui d'un Espagnol avec une «morisca», un «**albino**». Un Espagnol avec une «albina» donne un «**tornatras**» – en français : «retourne-toi».

Créoles et «gachupins»
Les Espagnols se divisent en deux catégories : ceux qui sont nés au Nouveau Monde et ceux qui viennent d'Espagne. Les premiers s'appellent les créoles, les autres reçoivent des surnoms plus ou moins injurieux. Au Mexique, on les traite de «gachupin», ce qui veut dire «blanc-bec», «gamin» ou «bizut». Au Pérou, on les appelle «chapeton» (rougeaud). Les créoles leur reprochent de venir en Amérique comme fonctionnaires royaux pour s'enrichir très vite avant de retourner chez eux. On les accuse d'être orgueilleux, ambitieux et corrompus.

Les esclaves
Après la conquête, la population indienne diminue très vite. Pour travailler dans les mines et dans les plantations, Espagnols et Portugais utilisent des esclaves africains. On estime qu'entre le XVIe siècle et 1850, date de l'abolition de l'esclavage, plus de 3,5 millions d'Africains ont été envoyés au Brésil. Les esclaves ont une vie très dure : mal logés, mal nourris, séparés de leur femme et de leurs enfants, leur espérance de vie ne

dépasse pas sept ans en moyenne dans les plantations. On punit les révoltés de manière féroce : on les fouette ou on leur coupe une jambe s'ils ont voulu fuir. Certains mangent de la terre pour compenser le manque de sels minéraux dans leur nourriture. On les oblige alors à porter un masque de fer. En fait, les maîtres, qui sont une minorité, ont peur de leurs nombreux esclaves. Mais le commerce triangulaire – France-Afrique-Antilles – dont la principale marchandise est le «bois d'ébène» (nom donné aux esclaves noirs), est très lucratif. Une ville comme **Bordeaux** lui doit une grande partie de sa richesse.

Au Mexique, en 1578, on interdit aux Noirs de vivre dans les villages d'Indiens. Il s'agit d'une sorte d'«apartheid» avant la lettre. Les différences entre les groupes sont très marquées : ils vivent dans des endroits séparés, ils ne s'habillent pas de la même façon et se nourrissent chacun à leur manière. Les Espagnols mangent du pain et boivent du vin ou de la bière alors que les Indiens préfèrent les galettes de maïs et le pulque (bière d'agave). Pourtant, malgré les mesures destinées à le réduire, le métissage prend de l'ampleur du fait que l'immigration européenne est surtout masculine. Plusieurs fois, Cortés et ses hommes reçoivent des femmes indiennes en cadeau. Le conquistador Juan Elcano épousera même la fille aînée du roi aztèque Moctezuma en vertu de quoi il réclamera ensuite à la Couronne d'Espagne les biens dont on avait dépossédé sa femme, c'est-à-dire presque tout le Mexique !

Les métis sont souvent méprisés. On leur donne des surnoms infamants, on les empêche d'accéder à des postes importants dans l'administration ou au sein du clergé. Pourtant, leur rôle est fondamental dans la formation des cultures latino-américaines. Ils servent d'intermédiaires entre les différentes communautés, comme l'Inca Garcilaso de la Vega, fils d'un conquérant et d'une princesse péruvienne, qui écrit avec tristesse à la fin du XVIe siècle : «Je me nomme ainsi [métis] moi-même à pleine bouche et je m'en honore. Cependant, aux Indes, si l'on dit à l'un d'entre nous "vous êtes métis", cela est considéré comme une marque de mépris.» Aujourd'hui encore, malgré le métissage qui caractérise l'Amérique latine, la société raciste instaurée par les conquérants n'a pas complètement disparu et la couleur de la peau reste trop souvent un critère de reconnaissance.

Les plantations sont, avec l'or et l'argent, la principale richesse des pays d'Amérique latine. Les conquérants ont apporté d'abord la **canne à sucre** (ci-dessus), puis, au XVIIIe siècle, le **café**. Au Brésil, la canne est surtout cultivée sur la côte nord, alors que le café se développe davantage vers le sud, dans la région de **Rio de Janeiro** et de **São Paulo**.

Au Mexique, les premières haciendas sucrières ont appartenu à **Hernán Cortés**.

Le cacao (ci-dessous) est un fruit originaire du Mexique. Indiens et Espagnols adoraient le chocolat, on a donc cultivé cette plante comme le café et la canne. De nombreux esclaves parvenaient à s'enfuir des plantations. Ils allaient se réfugier dans des régions difficiles d'accès où ils ont parfois créé de véritables royaumes indépendants, comme celui du **«quilombo de Palmares»**, au Brésil, détruit en 1694 par les Portugais après presque un siècle de résistance.

Le sort des Indiens

Les Indiens posent un problème à l'administration espagnole : faut-il les considérer comme des sujets à part entière de l'empire, ou doit-on leur réserver une place particulière ? L'opinion du roi, qui désire protéger les peuples vaincus, s'oppose à celle des colons, qui les exploitent.
Les défenseurs des Indiens, comme le dominicain Bartolomé de Las Casas (1474-1566), trouvent unc audiencc favorablc auprès de la Couronne qui élabore des lois pour prévenir les abus dont sont victimes les indigènes.
Mais ces textes ne sont pas appliqués avec toute la rigueur nécessaire. Au milieu du XVIe siècle, les «leyes nuevas» («lois nouvelles»), rédigées dans l'esprit de Las Casas et promulguées par Charles Quint, provoquent une guerre civile au Pérou entre les Espagnols hostiles aux réformes et les troupes fidèles au roi.

L'ACCULTURATION DES INDIENS
Avec la liberté, les Indiens perdent en partie leurs traditions et leurs modes de vie. Ils découvrent l'usage de la charrue tirée par des bœufs, même s'il s'agit d'un outil souvent réservé aux conquérants. Ils apprennent l'espagnol ou le portugais. Ils veulent ressembler à leurs vainqueurs, comme ces **Guaranis** du Brésil, peints au début du XIXe siècle par un artiste français. C'est ce que l'on appelle un processus d'acculturation. Cette évolution a été plus ou moins longue selon les endroits. Certains groupes ont résisté longtemps : les **Araucans** du **Chili**, les **Yaquis** du **Sonora** ou les **Mayas** du **Yucatán**, par exemple, ne seront définitivement soumis qu'au début du XXe siècle. L'Indien qui veut vivre comme un Espagnol est appelé un «**ladino**». Il occupe une place particulière dans la société, à mi-chemin entre les deux communautés. C'est une sorte de métis culturel qui exploite souvent les membres de son groupe parce qu'il sait parler la langue des vainqueurs et sert d'interprète ou d'intermédiaire commercial. Au Brésil, le phénomène est moins important parce que les Indiens sont beaucoup moins nombreux qu'au Mexique ou au Pérou.

LES REGROUPEMENTS
Le contrôle des populations indigènes dispersées dans de petits villages cachés dans les montagnes ou les forêts s'avère difficile pour les autorités coloniales. Afin de limiter les risques de révoltes et de faciliter la collecte du tribut, les conquérants les forcent à se regrouper dans de nouveaux villages qui ressemblent à de petites villes espagnoles, avec une place centrale, des arcades et un couvent de religieux chargés de les évangéliser. C'est ainsi que des centaines de villages, situés de préférence dans les régions de plaine, voient le jour pendant que les sites précolombiens sont abandonnés. Mais il n'est pas facile de faire vivre tous ces gens dans le même endroit : parfois, l'eau vient à manquer et les Indiens doivent construire de vastes aqueducs comme celui d'**Otumba**, au Mexique. Edifié au milieu du XVIe siècle, il mesure plus de 30 km de longueur et ses arches principales atteignent presque 40 m de hauteur. Les Indiens s'accoutument vite aux techniques de construction imposées par les Espagnols. Au début, commc ils ignorent l'usage de la voûte, ils craignent de voir le toit des églises s'effondrer. Par la suite, ils réaliseront de véritables chefs-d'œuvre.

Pour la décoration des édifices religieux, surtout dans les campagnes, les indigènes s'inspirent de la Bible mais aussi de leurs propres coutumes et de leur vie de tous les jours.

Les conquérants défendent surtout leurs intérêts et se soucient peu du sort des Indiens. Ils s'installent dans les endroits où la population indigène est importante, afin de profiter d'une main-d'œuvre habile et bon marché, puisqu'on ne la paie pas. C'est ce que l'on appelle le système de l'«encomienda» : le conquistador reçoit, en récompense des services rendus à la Couronne, un certain nombre d'Indiens qui travailleront pour lui dans les champs, à la maison ou dans des ateliers de tissage. En échange, le colon espagnol est tenu de les protéger et d'assurer leur évangélisation. Mais cette contrepartie est bien faible en regard des préjudices causés aux Indiens écrasés d'impôts et de corvées, obligés de payer un tribut en nature ou en argent. En outre, les systèmes économiques qui existaient avant la conquête sont pervertis : ainsi, au Pérou, les Indiens devaient à l'Inca la «mita», c'est-à-dire un certain nombre de jours pour les travaux d'intérêt collectif (routes, ponts, canaux d'irrigation) ; après la conquête, les Indiens sont forcés de travailler dans les mines au nom de la «mita», mais ils ne profitent pas du produit de leurs efforts. Peu à peu, ils perdent leurs meilleures terres et sont marginalisés par les Espagnols jusqu'à devenir des étrangers dans leur propre pays.

Le massacre des Indiens

La conquête s'est accompagnée de ce qu'on appelle aujourd'hui un **génocide**, c'est-à-dire le massacre de tout un peuple.

Au Mexique, la population indienne est passée de 25 millions à moins de 2 millions de personnes entre le début et la fin du XVIe siècle. Dans certaines régions, les indigènes disparaissent complètement.

La guerre n'est pas la seule responsable de cette catastrophe démographique : le travail forcé, les déplacements de population, les mauvais traitements provoquent la mort de millions de personnes. Mais la plupart des victimes sont dues aux maladies apportées par les conquérants : **variole**, **rougeole**, **grippe** et **fièvre typhoïde**. Les Espagnols s'emparent des terres abandonnées par les Indiens et forment ainsi les premières grandes propriétés, ou «haciendas» qui caractérisent le monde rural latino-américain.

Les Indiens restent fragiles face aux germes apportés par les Européens. Au Brésil, en plein XXe siècle, on a distribué à certaines tribus des couvertures infectées par la variole menant ainsi contre elles une forme de guerre **bactériologique**.

Des traditions déguisées

Malgré la répression organisée par les conquérants et la tentation d'adopter les coutumes venues d'Europe, les Indiens conservent certaines de leurs traditions. Devenus chrétiens, ils continuent à honorer les dieux de la Pluie et du Maïs. Les fêtes indigènes sont durement réprimées par les religieux parce qu'elles conservent des traits préhispaniques. Mais un habile camouflage permet aux Indiens de continuer à pratiquer des rites interdits en prétextant qu'il s'agit de simples amusements. Ainsi, la danse des «hommes volants», illustrée ici d'après un manuscrit indien et un tableau colonial, cache une cérémonie dédiée aux dieux de la Pluie.

Les missions

Aux confins du Brésil et de l'Argentine, les jésuites choisissent d'évangéliser les indigènes par la douceur, en s'adaptant à leurs coutumes. Ils créent des missions où les Indiens Guaranis apprennent à lire et à écrire dans leur propre langue. Les colons espagnols n'ont pas le droit d'y pénétrer.

Les Indiens Guaranis cultivent un arbuste, le **maté**, avec les feuilles duquel ils font une boisson tonifiante.

On boit le maté, ou «thé des jésuites», dans une **calebasse** avec un **chalumeau**.

Les missions empêchent les conquérants de réduire les Indiens en esclavage. A la fin du XVIIIe siècle, les deux Couronnes tombent d'accord pour rectifier leurs frontières : les Guaranis doivent abandonner leurs villages aux Portugais. Ils se défendent avec courage mais les forces sont inégales. Les missions sont détruites et les religieux expulsés.

L'ÉVANGÉLISATION DE GRÉ OU DE FORCE
L'obstacle des langues rend l'évangélisation difficile. Au Mexique, pour faciliter l'éducation chrétienne des Indiens, on peint des catéchismes à la manière des manuscrits préhispaniques (ci-dessus). Si les indigènes se révoltent contre les religieux (ci-dessous), on emploie la force pour les convaincre d'abandonner leurs divinités (en bas).

Des colosses aux pieds d'argile

Si les Couronnes d'Espagne et du Portugal réussissent à conserver leurs possessions d'Amérique durant trois siècles, elles le doivent sans doute à l'extraordinaire fidélité de leurs sujets d'outre-mer. Ceux-ci pourraient, au mépris de la loi, proclamer leur indépendance, mais les liens qui les attachent à leur souverain sont sacrés et rares sont les audacieux qui osent les rompre.

Territoires inconnus
Ni l'Empire espagnol ni l'Empire portugais n'ont réussi à dominer complètement le continent américain. Il existe encore, à la fin de la période coloniale, d'immenses territoires inexplorés, notamment au Brésil, dans la forêt amazonienne. Il est alors impossible de cartographier ces terres et de donner une image réelle des territoires se trouvant, du moins en théorie, en possession des Européens. Comme on le voit sur la carte ci-contre, qui date de 1583, seul le littoral est bien décrit. Souvent, c'est poussés par la nécessité d'empêcher d'autres puissances de s'installer au Brésil que les Portugais ont quitté la côte atlantique pour établir des fortins vers l'intérieur, loin de leurs bases traditionnelles.

Le probleme des transports est au cœur des difficultés rencontrées par les colonisateurs du Nouveau Monde. Les Indiens ne connaissent ni les animaux de trait, ni les animaux de bât, excepté les **lamas** des Andes péruviennes. Tous les transports se font à dos d'homme ou bien en **pirogue**, quand on peut emprunter des lacs et des rivières. Après la conquête, le cheval et le mulet remplacent progressivement les porteurs indigènes, comme on le voit sur les documents reproduits ci-dessus : à gauche, les traces de pas symbolisent le chemin suivi par des marcheurs, selon la tradition préhispanique ; sur la carte de **Cuzcatlan** (1580), les empreintes de pieds ont été remplacées par des traces de fers à cheval. Cette révolution des transports connaît ses limites : il faut construire des ponts et inventer de nouveaux systèmes pour faire traverser les rivières aux chevaux.

L'océan Atlantique est une voie de communication mais aussi un obstacle démesuré, soumis aux caprices de la nature. Même les ports les plus importants, comme celui de Veracruz au Mexique, sont exposés aux tempêtes et les fièvres tropicales y sévissent. Les terres gouvernées par la seule Espagne s'étendent sur plus de trente millions de kilomètres carrés, soit environ soixante fois la superficie actuelle de la France. Du nord au sud, entre le Mexique et la Terre de Feu, il faut franchir plus de dix mille kilomètres ! La diversité du relief et des climats, la présence de hautes montagnes comme les Andes, ou de forêts impénétrables comme l'Amazonie, rendent impossible l'existence d'un gouvernement centralisé. C'est pourquoi le souverain se fait représenter par des vice-rois, car si l'on parle de colonies, il ne faut pas oublier que les terres américaines sont alors des royaumes semblables à ceux qui composent l'Espagne, comme l'Aragon et la Castille. Ces possessions sont fragiles : les Espagnols craignent sans cesse une révolte des indigènes. A la fin du XVIIIe siècle, ils doivent regrouper toutes leurs forces pour mater la rébellion de l'Indien Túpac Amaru II, qui veut libérer ses compatriotes et rétablir l'ancien empire des Incas.

Les autres colons Espagnols et Portugais se battent entre eux, mais se heurtent aussi aux autres puissances européennes (ci-dessus les Hollandais, vaincus par les Portugais à la bataille de **Guararapes** en 1649) qui veulent profiter des richesses du Nouveau Monde. Français, Anglais et Hollandais réussissent à leur arracher quelques îles des Antilles, et même à s'installer sur le continent : l'actuel **Belize**, entre Mexique et Guatemala, fut une colonie anglaise appelée **Honduras britannique.** On y parle anglais, tout comme à la **Jamaïque** ou au **Guyana**. L'Amérique latine n'est donc pas complètement latine.

Les «bandeirantes» portugais sont les seuls à s'aventurer dans la forêt, pour chercher de l'or ou capturer des Indiens qu'ils vendront comme esclaves (ci-dessous). Ils doivent leur nom au fait qu'ils se regroupent derrière un drapeau («bandeira» en portugais). A la fois guerriers et explorateurs, ils massacrent des milliers d'Indiens et ouvrent à la colonisation les grandes routes vers l'Ouest. Leur base de départ est São Paulo, aujourd'hui capitale économique du Brésil. Ils sont chrétiens, mais n'hésitent pas à attaquer les missions jésuites installées sur le **rio Paraguay**.

Philippe II (ci-dessous), roi d'Espagne de 1556 à 1598, ne mettra jamais les pieds en Amérique. L'or et l'argent débarqués à Séville serviront à financer ses guerres contre la France, l'Angleterre, les Pays-Bas et l'Empire turc.

Les vice-rois faisaient partie de la meilleure noblesse. Au XVIIIe siècle, **Manuel Florez Maldonado** est vice-roi de **Nouvelle-Grenade** (Venezuela, Colombie et Equateur actuels).

L'installation des Français

Ce n'est pas un hasard si la France possède une base aérospatiale à **Kourou**, en **Guyane**, (ci-dessus). Avec une superficie de 91 000 km^{2}, la Guyane, aux confins du Brésil, est le plus grand département français. Couverte à 90 % de forêts, c'est un endroit peu hospitalier, célèbre surtout pour le bagne de **Cayenne**, installé en 1852. Au XVIe siècle, les Français tenteront plusieurs fois de s'installer sur la côte brésilienne : les premiers contacts avec les Indiens datent de 1503, quand les marins de **Dieppe** et de **Honfleur** viennent chercher de l'ambre, des oiseaux exotiques et du bois de teinte (le fameux bois de braise qui a donné son nom au Brésil). En 1555, **Nicolas Durand de Villegagnon** fonde, dans la baie de Rio, une première colonie, **Fort-Coligny**, qui sera détruite par les Portugais trois ans plus tard. Mais le mouvement est lancé : après un nouvel échec, les Français, profitant de l'affaiblissement du Portugal, fondent Cayenne en 1643. Pourtant, leurs attaques et celles des Hollandais soudent les Brésiliens entre eux. Au XVIIe siècle, un Indien, **Filipe Camarao**, et un Noir, **Henrique Dias**, luttent avec succès contre les Hollandais : la nation brésilienne prend forme, même si l'indépendance est encore loin.

La division de l'Amérique latine coloniale en plusieurs vice-royautés (carte ci-contre) était une nécessité. Mais chaque vice-royauté a suivi sa propre évolution : des milieux naturels contrastés, les proportions variables de la population indigène, de grandes disparités économiques entre les pays producteurs de métaux précieux et les autres ont créé des clivages, malgré l'unité de la langue et de la religion. Le Brésil, protégé par l'impénétrable forêt amazonienne, a pu conserver sa propre culture. Au début du XIXe siècle, tout est prêt pour l'éclatement politique de l'Amérique latine : les frontières des futurs Etats indépendants sont inscrites dans l'histoire.

Le passé resurgit
A la fin de la période coloniale, les anciennes religions indigènes ne font plus peur aux descendants des conquistadores. On commence à s'intéresser à l'histoire des **Aztèques**, des **Mayas** et des **Incas**. Une conscience nationale se forge au travers de cette redécouverte du passé, même si les autorités se méfient encore des vieilles pierres. Il faudra attendre l'indépendance pour que les archéologues tirent de l'oubli les civilisations détruites par la conquête (ici, les sites mexicains d'**Uxmal** et de **Chichén-Itzá**).

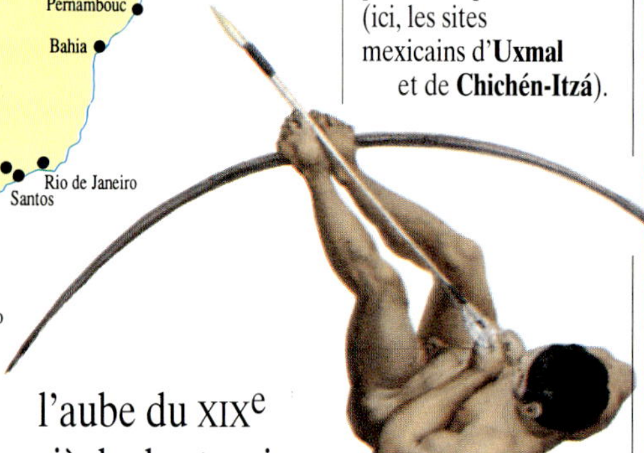

A l'aube du XIXe siècle, les tensions se font de plus en plus vives. Les créoles réclament plus de pouvoir face à la Couronne espagnole. Les Bourbons ont remplacé les Habsbourg et leur méthode de gouvernement est parfois jugée trop autoritaire. Il faudra pourtant attendre leur renversement par Napoléon Ier pour voir les Amériques se rebeller.

La Vierge de Guadalupe est le symbole ambigu de la colonisation du Mexique et la principale figure du **syncrétisme** qui en est issu. Selon la légende, elle est apparue à un Indien quelques années après la conquête. On la représente brune, comme les indigènes qui l'ont adoptée, parce qu'elle remplaçait la divinité préhispanique de la Terre. Les indépendantistes se sont ensuite battus sous son étendard.

Index

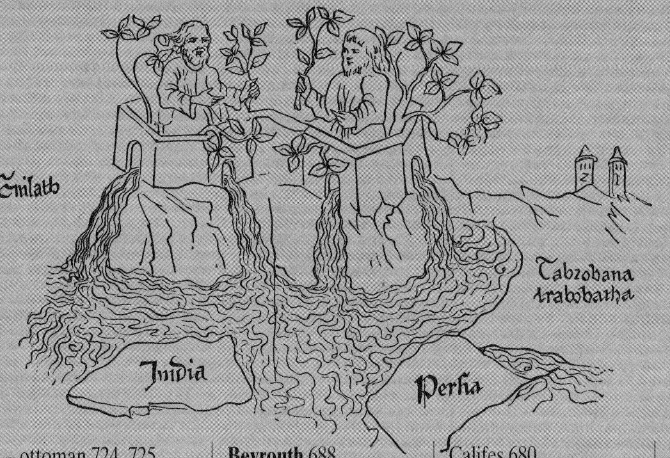

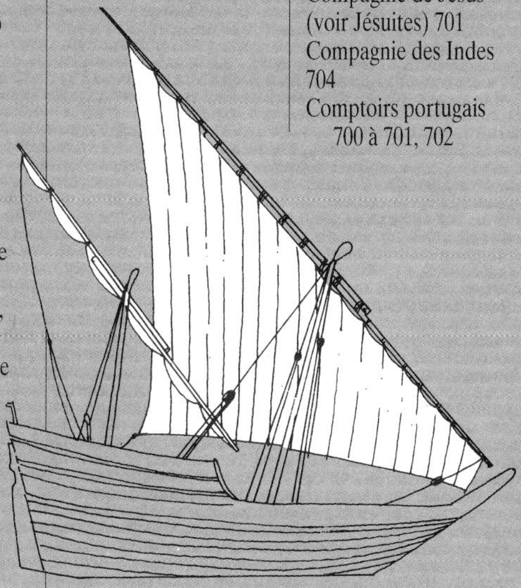

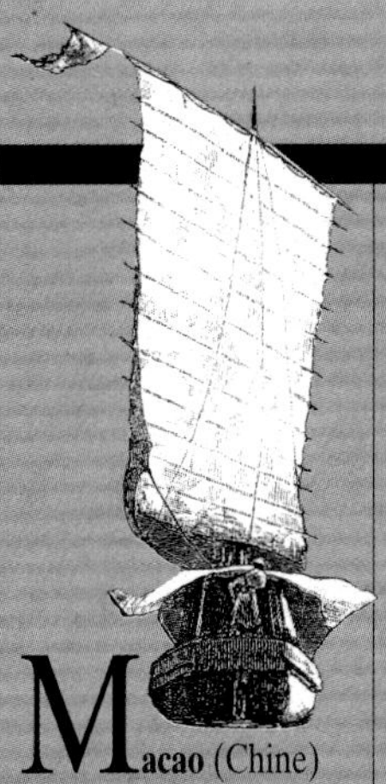

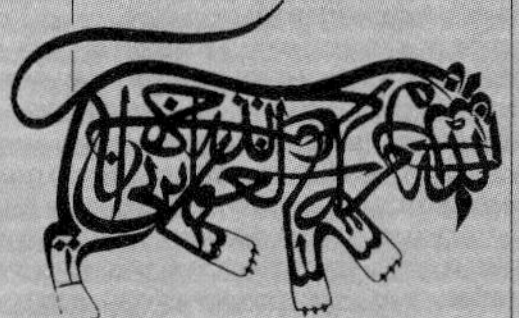

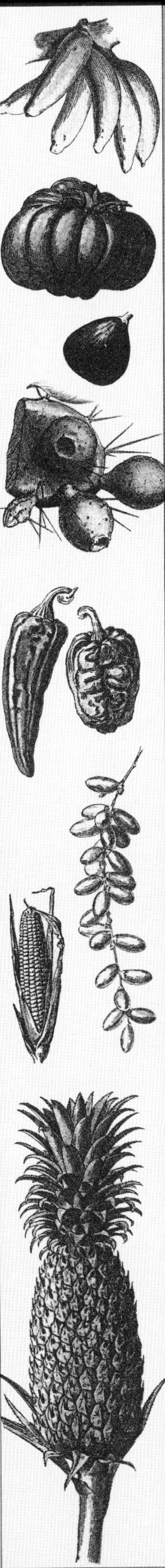

Crédits photographiques :

col. : colonne; **h** : haut; **m** : milieu; **b** : bas

p. 673 col. 1-7, 1, 2 : B.N., Paris; col. 6, 7 : Dagli Orti, Paris; **p. 674** col. 1-4 : Anderson/Giraudon, Paris; col. 4-7 : D.R.; **p. 675** : R.M.N., Paris; **p. 676** col. 1, 2 : B.N., Paris; **p. 677** col. 7 : B.N., Paris; **p. 678** col. 1 : Gallimard, Paris; col. 1-4 : R.M.N., Paris; col. 4-7 : Scala, Florence;col. 6, 7 : B.N., Paris; **p. 678-679** : J.-L. Nou, Paris; **p. 679** col. 1 : F. Place/ Gallimard, Paris; col. 5-7 : J. Vigne, Gennevilliers; **p. 680** col. 1-3 : M.-J. Lamothe, Paris; col. 1, 2 : B.N., Paris; **p. 680-681** : F. Place/Gallimard, Paris; **p. 682** col. 1 : Giraudon, Paris; col. 6 : Roger-Viollet, Paris; **p. 682-683** : B.N., Paris; **p. 683** col. 1-4 : Bodleian Library, Oxford; col. 5-7, 6, 7 : B.N., Paris; **p. 684** col. 1, 2 : J. Boucher/Gallimard, Paris; **p. 684-685** : musée des Tissus, Lyon; **p. 686** col. 1, 2 : A.K.G., Berlin; col. 2 : D.R.; col. 1, 2 : Gallimard, Paris; col. 4-7, 6, 7 : B.N., Paris; **p. 687** : B.N., Paris; **p. 688** col. 1, 2 : B.N., Paris; col. 2 : Pedicini, Naples; col. 3-5 : J.-L. Nou, Paris; col. 6 : D.R.; col. 1-7, 7 : R.M.N., Paris; **p. 689** col. 1-7 : J.-P. Duviols, Paris; col. 2, 7 : Gallimard/Pitrou, Paris; **p. 690** col. 1, 2 : Universitäts Bibliotek, Heidelberg; col. 6, 7 : J.-L. Charmet, Paris; **p. 691** col. 1, 2 : D.R.; col. 6,7 : F. Place/Gallimard, Paris; **p. 692** col. 1-3 : Muséum national d'histoire naturelle, Paris; col. 6 : B.N., Paris; col. 6, 7 : R.M.N., Paris; **p. 693** col. 1, 2 : J.-L. Charmet, Paris; col. 2-7 : B.N., Paris; **p. 694** col. 1 : B.N., Paris; col. 1, 2 : Dagli Orti, Paris; F. Place/Gallimard, Paris; **p. 694-695** : B.N., Paris; **p. 695** col. 1 : Bridgeman, Londres; col. 5, 6 : D.R.; **p. 697** col. 6, 7 : C. Desjeux, Paris; col. 7 : Bridgeman, Londres; **p. 698** col. 1, 2 : F. Place/Gallimard, Paris; col. 4, 5 : D.R.; **p. 699** col. 3-5 : B.N., Paris; col. 5-7 : F. Place/Gallimard, Paris; **p. 700** col. 2 : B.N., Paris; F. Place/Gallimard, Paris; col. 5-7 : Pedicini, Naples; **p. 700-701** : R.M.N., Paris; **p. 701** col. 1-5 : B.N., Paris; col. 6, 7 : Pucciarelli, Rome; col. 5-7 : Municipal Museum of Nanbam Art, Kobé; **p. 702** col. 1, 2 : B.N., Paris; col. 6, 7 : Dagli Orti, Paris; **p. 703** col. 1-5 : Explorer-Archives, Paris; **p. 704** : B.N., Paris; col. 6, 7 : Société de géographie/B.N., Paris; **P. 705** col. 1-7 : J.-P. Duviols, Paris; col. 2, 7 : B.N., Paris; **p. 706** col. 1 : Oronoz/Artephot, Paris; col. 5-7 : J. Vigne, Gennevilliers; **p. 706-707** : J.-P. Duviols, Paris; **p. 707** col. 1, 2, 3 h, 7 b : Oronoz/Artephot, Paris; col. 3 b : Scala, Florence; col. 7 h : Dagli Orti, Paris; **p. 708** col. 1,2 : Oronoz/Artephot, Paris; **p. 709** col. 1-7 : B.N., Paris; **p. 710** col. 1-7 : F. Place/ Gallimard, Paris; col. 1-3 : B.N., Paris; col. 1-3, 7 : J.-P. Duviols, Paris; **p. 711** J.-P. Duviols, Paris; col. 6, 7 m : B.N., Paris; **p. 712** col. 1-3 : British Museum, Londres; **p. 714** col. 1 h : Giraudon; col. 1 m b, 1-3 : Oronoz/Artephot, Paris; col. 2-4, 4 : A.K.G., Berlin; col. 5, 6 h : Giraudon, Paris; col. 5, 6 b : J.-P. Duviols, Paris; **p. 714-715** : J.-P. Duviols, Paris; **p. 715** col. 6, 7 : B.N., Paris; Dagli Orti, Paris; **p. 716** col. 1, 2 : J.-P. Duviols, Paris; col. 6, 7 : D.R.; Gallimard, Paris; **p. 717** col. 1, 2, 4-6 : B.N., Paris; col. 6-7 : Gallimard, Paris; **p. 718** col. 1, 2, 2 : B.N., Paris; col. 1-3 : Roger-Viollet, Paris; col. 2-4 : Dagli Orti, Paris; **p. 718-719** : B.N., Paris; **p. 719** col. 6, 7 : J.-P. Duviols, Paris; col. 6 : Dagli Orti, Paris; col. 5-7 : D.R.; **p. 720** col. 1 h : D.R.; col. 1 b : Scala, Florence; col. 2 : J.-P. Duviols, Paris; col. 3-5, 6, 7 : D.R.; **p. 721** col. 1-7 : Lessing/Magnum, Paris; col. 1, 2 : Topkapi Sarayi Müzesi, Istanbul; col. 5-7 : Türk ve Islam Eserleri Müzesi, Istanbul; **p. 722** col. 1, 2 : The National Gallery, Londres; B.N., Paris; col. 6, 7 : B.N., Paris; **p.722-723** : J.-L. Charmet, Paris; **p. 723** col. 5-7 : M. Bernus-Taylor, Paris; Lauros/Giraudon, Paris; **p. 724** col. 1 : musée de l'Armée, Paris; Kunsthistorisches Museum, Vienne; col. 2, 3 : Derek Bayes/Aspect Picture Lib., Londres; col. 3-7 : Kunsthistorisches Museum, Vienne; Topkapi Sarayi Müzesi, Istanbul; **p. 724-725** : Österreichische Nationalbibliothek, Vienne; **p. 725** col. 5 : musée de l'Armée, Paris; col. 6, 7 : Kunsthistorisches Museum, Vienne; Topkapi Sarayi Müzesi, Istanbul; **p. 726** col. 1, 2 : B.N., Paris; col. 6, 7 : Dagli Orti, Paris; **p. 727** col. 1-3 : Dagli Orti, Paris; col. 7 : éd. Sindbad, Paris; **p. 728** col. 1 : British Museum, Londres; Türk ve Islam Eserleri Müzesi, Istanbul; col. 5-7 : Robert Harding Picture Lib., Londres; Gallimard, Paris; **p. 728-729** : Sipa, Paris; **p. 729** col. 1-3 : Topkapi Sarayi Müzesi, Istanbul; col. 4-7 : Österreichische Nationalbibliothek, Vienne; Electa, Milan; **p. 730** col. 4, 5 : musée du Louvre, Paris; musée des Arts décoratifs, Paris; **p. 731** col. 2 : British Museum, Londres; col. 6, 7 : Topkapi Sarayi Müzesi, Istanbul; Gallimard, Paris; R.M.N., Paris; **p. 732** col. 1-4 : Victoria & Albert Museum, Londres; Topkapi Sarayi Müzesi, Istanbul; col. 7 : Topkapi Sarayi Müzesi, Istanbul; Percheron/Artephot, Paris; musée national de la Céramique, Sèvres; **p. 732-733** : Österreichische Nationalbibliothek, Vienne; **p. 733** col. 1-3 : Topkapi Sarayi Müzesi, Istanbul; Turk ve Islam Eserleri Müzesi, Istanbul; col. 6, 7 : Topkapi Sarayi Müzesi, Istanbul; Türk ve Islam Eserleri Müzesi, Istanbul; **p. 734** col. 1-3 : musée des Beaux-Arts, Bordeaux; R.M.N., Paris; musée des Beaux-Arts, Bordeaux; Hazlitt, Gooden & Fox Ltd, Londres; **p. 734-735** Gallimard, Paris; **p. 735** col. 1 : Topkapi Sarayi Müzesi, Istanbul; col. 5 : B.N., Paris; col. 6, 7 : J. Vigne, Paris; D.R.; **p. 736** col. 1-7 h : Lessing/ Magnum, Paris; col. 1, 2 :

Oronoz/Artephot, Paris; col. 6, 7 : Zentralbibliothek, Zurich, col. 1-7 b : Scala, Florence; **p. 737** col. 1-7 : Dagli Orti, Paris; col 1 : Gallimard, Paris; col. 6, 7 : Lauros/Giraudon, Paris; **p. 738** col. 1-3 : B.N., Paris; **p. 739** col. 1, 2 : J.-P. Duviols, Paris; col. 5-7 : Scala, Florence; musée de l'Or de Bogota/ abbaye de Daoulas; Lauros/Giraudon, Paris; Or Information, Paris; **p. 740** col. 1, 2 : C. Val Julian, Paris; Lauros/Giraudon, Paris; **p. 742** col. 1-2 : C. Val Julian, Paris; D.R.; col. 2-4 : Dagli Orti, Paris; col. 5-7 : B.N., Paris; Lauros/Giraudon, Paris; B.N., Paris; **p. 743** col. 1, 2 : D.R.; F. Delebecque/Gallimard, Paris; col. 6, 7 : Kipa, Paris; col. 2-7 : Lauros/Giraudon, Paris; **p. 744** col. 1, 2 : F. Delebecque/ Gallimard, Paris; **p. 744-745** : Derek Bayes/Aspect Picture Library, Londres; **p. 746** col. 1-3 : Kipa, Paris; col. 6, 7 : D.R.; A.K.G., Berlin; **p. 747** col. 1 h. : Tapabor, Paris; col.1-7: D.R.; **p. 748** col. 1-5 : Mary Evans Picture Library, Londres; col. 2-6 : F. Delebecque/ Gallimard, Paris; **p. 748-749** : Roger-Viollet, Paris; **p. 749** col. 3-5 : J.-L. Charmet, Paris; **p. 750-751** : D.R.; **p. 751** col. 6, 7 : F. Delebecque/ Gallimard, Paris; D.R.; F. Delebecque/ Gallimard, Paris; Mas, Barcelone; **p. 752** col. 1 : Stierlin/Artephot, Paris; col. 2 : Dagli Orti, Paris; Stierlin/Artephot, Paris; col. 3-5 : D.R.; col. 6 : Stierlin/Artephot, Paris; P.-M. Valat/Gallimard, Paris; F. Delebecque/Gallimard, Paris; col. 1-7 : Electa, Milan; **p. 753** col. 1-7 : F. Delebecque/Gallimard, Paris; col. 1, 2 : C. J. Lenars/ Explorer; col. 7 : Marie-Claire/ Gallimard, Paris; **p. 754** col. 1, 2 : Arxiu Mas, Barcelone; col. 3, 4 : D.R.; col. 6, 7 : G. Dagli Orti, Paris; **p. 755** col. 1, 2 : Gallimard, Paris; col. 6, 7 : S. Meiselas/ Magnum; **p. 756** col. 1,2 h, b : E. Lessing/Magnum; col. 4-6 : S. Salgado/Magnum; **p. 757** col. 6, 7 : G. Dagli Orti, Paris; **p. 758** col. 1 : Gallimard, Paris; **p. 759** col. 6,7 : Giraudon, Paris; **p. 760** col. 1, 2 h et 1-7 Oronoz/Artephot, Paris; col.1, 2 m : D.R.; **p. 760-761** : J.-P. Duviols, Paris; **p. 761** col. 1, 2 : D.R.; col.1, 2 m et b : J.-P. Duviols, Paris; col. 5-7 : Giraudon, Paris; col. 6, 7 : A. Cracknell/Gallimard, Paris; **p. 762** col. 1, 2 : J.-P. Duviols, Paris; col. 3, 4-5 : F. Delebecque/Gallimard, Paris; col. 6, 7 : J.-P. Duviols, Paris; **p. 762-763** : F. Delebecque/ Gallimard, Paris; **p. 763** col. 1-4 : Gallimard, Paris; col. 5 : D.R.; col. 6, 7 : Oronoz/ Artephot, Paris; col.5-7 : P. Pitrou/ Gallimard, Paris; **p. 764** col. 4 : M. Viard/Jacana; col. 5 : P. Pitrou/ Gallimard, Paris; **p. 765** col. 6,7 h : B.N., Paris; m : J.-L. Charmet, Paris; b : F. Delebecque/Gallimard, Paris; **p. 766** col. 1-4 : B.N. , Paris; col. 5 : G. Dagli Orti, Paris; col. 6, 7 h : Institut des hautes études d'Amérique latine, Paris; m : document A. Musset ; **p. 767** col. 1, 2 : G. Dagli Orti, Paris; col. 1-5 : B.N., Paris; col. 6, 7 : G. Dagli Orti, Paris; Agence spatiale européenne, Paris; **p. 768** col. 4-7 : B.N., Paris; col. 1, 2 et 4, 5 : J.-P. Duviols, Paris; col. 6, 7 : G. Dagli Orti, Paris; col. 1-7 : G. Dagli Orti, Paris.

Couverture et page de titre : (de gauche à droite) : D. R.; D. R.; B. N., Paris; D. R.; Österreichische Nationalbibliothek, Vienne; F. Delebecque/Gallimard, Paris; Gallimard, Paris; B. N., Paris.

4e plat : D.R.; N. Baron/ Gallimard, Paris.

Dos : Stierlin/Artephot, Paris.

Garde p. III : musée de l'or Bogota/abbaye de Daoulas; **p. VI :** Roger-Viollet, Paris; **p. VII :** col. 1-3 : F. Place/ Gallimard, Paris; col. 4 : F. Delebecque/Gallimard, Paris; col. 5-7 : F. Place/Gallimard, Paris; **p. VIII :** col. 1,2 : B. N., Paris; D.R.; col. 7 : D. R.; **pp. IX-XIII :** D.R.

Table des illustrations :

Nicole Baron (pp. 730-731) ; Marc Lagarde (pp. VI-VII, 708-709, 716-717, 726-727) ; Tina Mercié (pp. 712-713) ; François Place (pp. 690-691, 696-697, 698-699, 702-703) ; Jame's Prunier (pp. 676-677, 758-759) ; Jean Torton (couverture, pp. 738-739, 740-741) ; Nicolas Wintz (pp. 754-755, 756-757, 764-765).